Grundkurs Farbkasten Deutsch neu

ベーシック版自己表現のためのドイツ語＜ノイ＞

Situationen・Informationen

Mayumi ITAYAMA

Ursula SHIOJI

Yuko MOTOKAWA

Takako YOSHIMITSU

JN088931

🎧 マークの箇所が音声に録音されています。

音声ダウンロード＆ストリーミングサービス(無料)のご案内

https://www.sanshusha.co.jp/text/onsei/isbn/9784384123104/

本書の音声データは、上記アドレスよりダウンロードおよびストリーミング再生ができます。ぜひご利用ください。

Download

Streaming

はじめに

　本書のキーワードは体験学習と自己表現です。ドイツ語で自分のことを，自分の考えを積極的に表現してください。またクラスの仲間にもたくさん質問をしましょう。ドイツ語を学びながら，いつのまにかクラスにたくさん友だちができているかもしれません。その経験は，ドイツ語を話す人たちとのコミュニケーションにも生かされることと，私たちは確信しています。

各課の組みたて

Titelseite（扉）

　それぞれの課で出てくる重要な表現や語彙などを，可能な限り盛りこみました。シチュエーションの導入としてだけでなく，本編や練習問題の導入としてお使いください。

Merkzettel（文法メモ）

　Dialoge（対話）の理解やÜbungen（練習）の際の一助となるよう，必要最低限の文法を随時提示しました。

Spielseite（ゲームとクイズ）

　ゲームやクイズで遊んでください。グループやペアで取り組む，遊びながらの復習です。

Eisenbahnseite（語彙と文法の復習問題）

　目標に向かって列車のようにまっしぐら (zügig) に，前進していけるよう，新しく学んだ項目を復習・確認するための練習です。

Bausteine（文法のまとめ）

　本編に出てきた文法項目を体系的に学習できるよう，説明や変化表などを各課の最後につけました。

Ausspracheübungen（発音練習）

　各課ごとに発音に特化した練習を巻末にまとめました。発音が良くなることで語彙の定着や発信力が高まることを期待しています。適宜，活用してください。

Informationen（インフォメーション・コーナー）

　本編で取り上げなかった「月の名前」「序数」「日付」「年間のお祭りと祝祭日」などを巻末に盛りこみました。本編のテーマや学習項目に応じて，随時導入していただければと思います。

Arbeitsbuch（ワークブック）

　その課で扱った文法項目や語彙をもう一度確認したり，復習するための練習問題です。ミニテストとして授業の中で書かせたり，自習用の課題として宿題にするなど，適宜活用していただきたいと思います。

　近年のドイツ，そして日本の社会の動き，技術の進歩・変化に応じた内容とするために，今回あらためて改訂を行いました。改訂にあたり，本書を長年お使いの先生方から貴重なご意見やご提案をいただきました。心より御礼を申し上げます。

　この教科書が教師，そして学習者双方にとってよりよいものとなるよう，今後も率直なご意見をお寄せいただければ幸いです。

2024 年　春

著　者

INHALT

Informationen

Die deutschsprachigen Länder

	Deutschland	Österreich	Schweiz	Liechtenstein
首都	Berlin ベルリン	Wien ウィーン	Bern ベルン	Vaduz ファドゥーツ
面積	35万7000㎢	8万4000㎢	4万1000㎢	160㎢
人口	8320万人	896万人	870万人	3.9万人
通貨	Euro ユーロ	Euro ユーロ	CHF / sfr スイス・フラン	CHF / sfr スイス・フラン

この教科書の主な登場人物です。それぞれの人物に関する情報が本文で見つかったら，このページに書き込んでみましょう！

名前：
職業：
出身地：
趣味： *Musik hören, kochen, Tennis*

名前：
職業：
居住地：
趣味：

名前： Hans Berger
年齢： 53
職業： Angestellter
居住： Köln

名前： Inge Berger
年齢： 50
職業： Angestellte
居住地：Köln

名前：
年齢： 5
好物： Käse
趣味： schlafen

聖子のクラスメート

名前：
年齢： 19
出身地：Florenz
趣味：

名前：
年齢： 23
出身地：Paris
趣味： Tennis

名前：
年齢： 20
出身地：Amsterdam
趣味： Fußball

Begrüßung あいさつ

Guten Morgen! — Morgen!

Guten Tag! — Tag!

Hallo! — Grüß dich!

Guten Abend! — Abend!

Gute Nacht!

Auf Wiedersehen, Frau Berger! — Wiederseh'n!

Tschüs! — Tschüs! Bis morgen!

Im Unterricht 教室で使う表現

Ich habe eine Frage.
質問があります。

Wie bitte?
何とおっしゃいましたか？

Noch einmal, bitte.
もう一度お願いします。

Wie heißt „Ohayo!" auf Deutsch?
「おはよう」はドイツ語で何と言いますか？

„Guten Morgen!"

Wie heißt „Danke!" auf Japanisch?
「Danke」は日本語で何と言いますか？

„Arigato!"

Öffnen Sie das Buch auf Seite 10.
10 ページを開いてください。

Bitte hören Sie.
聴きましょう。

Bitte sprechen Sie.
話しましょう。

Bitte lesen Sie.
読みましょう。

Bitte schreiben Sie.
書きましょう。

ドイツ語の発音 （90 〜 92 ページも参照）

1. Alphabet

アルファベットの読み方が，発音の基礎となります。

A a a:	**B b** be:	**C c** tse:	**D d** de:	**E e** e:	**F f** ɛf	**G g** ge:
H h ha:	**I i** i:	**J j** jɔt	**K k** ka:	**L l** ɛl	**M m** ɛm	**N n** ɛn
O o o:	**P p** pe:	**Q q** ku:	**R r** ɛr	**S s** ɛs	**T t** te:	**U u** u:
V v faʊ	**W w** ve:	**X x** ɪks	**Y y** 'ʏpsilɔn	**Z z** tsɛt		
			Ä ä ɛ:	**Ö ö** ø:	**Ü ü** y:	**ß ß** ɛs-'tsɛt

2. 基本の母音　a/i/u/e/o

a, i, u, e, o は日本語のア・イ・ウ・エ・オとよく似ています，次の点に注意するとよりドイツ語らしい発音になります。

 1) a は，日本語より口を大きめに開ける： Name 名前   nach 〜へ

 2) i と e は，唇を横に引っ張るように開ける：Lehrer （男性の）教師 Titel タイトル

 3) o と u は，唇を丸くとがらせて発音する： Mode 流行，ファッション gut よい

3. ウムラウト

A/a，O/o，U/u の上に 2 つの点がつくと、Ä/ä，Ö/ö，Ü/ü となり、それぞれ発音が変わります。これをウムラウト（Umlaut，変音）と言います。ウムラウトは次のように発音されます。

 1) Ä/ä: [a] の口で「エ」と言う。 Ärztin （女性の）医師 Äpfel リンゴ （複数形）

 2) Ö/ö: [o] の口で「エ」と言う。 Köln ケルン （都市名） Öl 油

 3) Ü/ü: [u] の口で「イ」と言う。 Übung 練習   natürlich もちろん

4. 二重母音

二重母音では、2 つの母音を連続して発音します。組み合わさることで、基本の母音と違う発音になるので注意してください。

 1) ei → アイ Wein ワイン   weiß 白い

 2) ie → イー Sie あなたは spielen （球技などを）する，演奏する

 3) au → アォ Frau 女性   Schauspieler （男性の）俳優

 4) eu/äu → オィ Deutsch ドイツ語 Verkäuferin （女性の）販売員

Nach Deutschland ドイツへ

Disc1-7

007

Ich heiße Seiko Ogawa.
Ich komme aus Kobe.
Ich bin Studentin.
Ich studiere Soziologie.
Ich spiele gern Tennis.
Ich fahre jetzt nach Deutschland.
Ich bleibe ein Jahr in Köln und lerne Deutsch.

jetzt 今／今から   bleibe < bleiben 滞在する

Was erfahren wir über Seiko?　聖子に関する情報を集めましょう。

出身地：　　　　職業：　　　　　専攻科目：　　　　趣味：

行き先：　　　　その目的：　　　滞在の長さ：

Machen Sie Interviews in der Klasse.　クラスで自己紹介し合ってください。

Wie heißen Sie?　　　　　　　　　　Ich heiße ＿＿＿＿＿＿＿＿＿.

Woher kommen Sie?　　　　　　　Ich komme aus ＿＿＿＿＿＿＿.

Wo wohnen Sie?　　　　　　　　　Ich wohne in ＿＿＿＿＿＿＿＿.

Was sind Sie (von Beruf)?　　　　Ich bin Student / Studentin.

Was studieren Sie?　　　　　　　　Ich studiere ＿＿＿＿＿＿＿＿.

Anglistik 英語英文学研究	Germanistik ドイツ語ドイツ文学研究
Jura 法学	Betriebswirtschaftslehre (BWL) 経営学
Psychologie 心理学	Elektronik 電子工学
Informatik 情報学	Medizin 医学
Pädagogik 教育学	Mathematik 数学

Ich spiele gern Tennis.
Und was spielen Sie gern?　　　　Ich spiele gern ＿＿＿＿＿＿＿.

Baseball 野球	Basketball バスケットボール	Fußball サッカー
Volleyball バレーボール	Geige バイオリン	Gitarre ギター　Klavier ピアノ

Teil 1 Was trinken Sie? 何を飲みますか？

Flugbegleiterin　　　　　　　Seiko

Was trinken Sie?

Haben Sie Apfelsaft?

Ja … so bitte schön.

Danke schön!

was（英語の*what*に対応）　　trinken 飲む　　haben 持っている　　*r* Apfelsaft りんごジュース

（*r*（*der*）: 男性名詞　　*e*（*die*）: 女性名詞　　*s*（*das*）: 中性名詞　　*pl* : 複数形）

Übung 1 Spielen Sie Dialoge.　例にならい「〜はありますか？」と聞き，Ja か Nein のフレーズを使って答えてください。

Was trinken Sie?

Ja,	einen Moment!
	natürlich!
	sicher!

Nein, leider nicht.

Haben Sie Apfelsaft?

ja はい
Einen Moment! 少々お待ちください
natürlich / sicher もちろん
nein いいえ
leider nicht 残念ながらありません

1)
Orangensaft

2)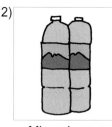
Mineralwasser

3)
Bier

4)
Wein

5)
Kaffee

6)
Tee

7)
Cola

8)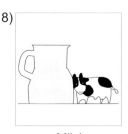
Milch

Disc1-9

Übung 2 Hören Sie. 聖子は Flugbegleiterin に注文したい飲み物があるかどうか聞いています。

①どの順番で聞いていますか？　順番に従って（　　）に数字を入れてください。

②また Flugbegleiterin はどう答えていますか？　線で結びつけてください。

Seiko　　　　　　　　　　Flugbegleiterin

Haben Sie ....?

（　　） grünen Tee	Ja, einen Moment!
（　　） Orangensaft	Ja, natürlich!
（　　） Reiswein	Ja, sicher!
（　　） Oolongtee	Ja … so bitte schön!
（　　） Weißwein	Nein, leider nicht.
（　　） Kaffee	

番外編　Machen Sie selber Dialoge und spielen Sie. 飛行機の中で Flugbegleiterin に飲み物を注文する Dialog を作ってみましょう。注文した飲み物がある場合，ない場合などバリエーションをつけて，パートナーと Rollenspiel（ロールプレイ）をしてみてください。

Übung 3 Machen Sie Interviews in der Klasse.
クラスメートと好きな飲み物を尋ね合ってください。

trinken
ich　trinke
Sie　trinken

Was trinken Sie gern?　　　　Ich trinke gern ....:

Disc1-10

Danke! Bitte!

Bitte!　　　Danke!　　　　Bitte schön?　　　　Danke!　　　Bitte!

Teil 2 Sind Sie Studentin? 学生さんですか？

Fluggast   Seiko

Entschuldigung, sind Sie Studentin?   Ja, ich studiere
Soziologie. Und Sie?

Ich bin Angestellter.   Ange…?

Angestellter. Ich arbeite
bei Volkswagen.   Ach so.

Was machen Sie denn in
Deutschland?   Ich lerne Deutsch.

Und wo?   In Köln.

Entschuldigung すみません

Ich bin Angestellter. 私は会社員です（女性の場合はIch bin Angestellte.）

bei … arbeiten 〜で働く　　machen 〜する　　denn いったい　　lernen 〜学ぶ　　wo どこで

Übung 4 Spielen Sie Dialoge. 例にならい職業を尋ね，それに対して Ja か Nein で答えてくだ
さい。

Sind Sie │ Student?   Ja, ich bin │ Student.
　　　　　│ Studentin?   　　　　　│ Studentin.

sein 〜である
ich　bin
Sie　sind

Nein, ich bin │ Angestellter.
　　　　　　　│ Angestellte.

1) Lehrer / Lehrerin

2) Kellner / Kellnerin

3) Verkäufer / Verkäuferin

4) Schauspieler / Schauspielerin

5) Arzt / Ärztin

6) Politiker / Politikerin

Disc1-12

012

Übung 5 Hören Sie und ergänzen Sie. 答えを聴き取り，下線部に入れてください。

Was sind Sie von Beruf?

1) Ich bin .... Ich arbeite bei ....

2) Ich bin .... Ich studiere .... in ....

Übung 6 Ergänzen Sie. 次の人物の職業は何ですか？

1) Ich heiße Shohei Ohtani. Ich bin ....

2) Ich heiße Angela Merkel. Ich bin ....

3) Ich heiße Naomi Osaka. Ich bin ....

4) Ich heiße Wolfgang Amadeus Mozart. Ich bin ....

5) Ich heiße Kyohei Sorita. Ich bin ....

6) Ich heiße Johann Wolfgang von Goethe. Ich bin ....

Komponist
Tennisspielerin
Schriftsteller
Politikerin
Baseballspieler
Pianist

Disc1-13

013

Übung 7 Hören Sie und schreiben Sie die Buchstaben. Wie heißen die Wörter? Wie spricht man sie aus? アルファベットを聴き取り，書き込んでください。どんな単語ができますか？ その単語はどのように発音されますか？

1) ....

2) ....

3) ....

4) ....

5) ....

番外編

クラスメートと話し合いましょう。

① ここまでの学習で，「発音が難しい」と感じた単語や「意味がよくわからない」と感じた単語を表に書き出してみましょう。

② グループで話し合って，解決できなければ先生に尋ねて確認しましょう。

発音が難しい単語	意味がよくわからない単語

Ergänzen Sie. 下から選んだ動詞を，下線部に適切な形にして入れ，Dialog を完成させてください。

Kazuya Yamamoto   Nadine Müller

Wie .... Sie?

Ich .... Müller. Und Sie?

Ich .... Kazuya Yamamoto. Ich .... Student.
Was .... Sie von Beruf?

Ich .... Webdesignerin. Ich .... bei Birkenstock.
.... Sie aus Japan?

Ja, ich .... aus Hiroshima.

Und was .... Sie in Deutschland?

Ich .... Jura.   Ach so.

> arbeiten kommen heißen machen sein studieren

Wissen Sie das schon? 主語によって変化する動詞の形を確認しましょう。

1) arbeiten : ich のとき （   ） Sie のとき （   ）
2) haben   : ich のとき （   ） Sie のとき （   ）
3) heißen   : ich のとき （   ） Sie のとき （   ）
4) kommen   : ich のとき （   ） Sie のとき （   ）
5) machen   : ich のとき （   ） Sie のとき （   ）
6) studieren : ich のとき （   ） Sie のとき （   ）
7) trinken   : ich のとき （   ） Sie のとき （   ）
8) sein   : ich のとき （   ） Sie のとき （   ）

番外編

クラスメートと話し合いましょう。
① ここまでの学習で、ドイツ語についてどんなことを発見しましたか？
② わからないことや質問はありますか？

Disc1-14 1. Lesen Sie laut und hören Sie dann die Wörter.
声に出して読んでから，音声を聴いて確認しましょう。

Disc1-15 2. Hören Sie und ergänzen Sie. 以下の語や文を聴き取り，空所を補ってください。

A. 1) stud_ _ren 2) arb_ _ten 3) sp_ _len
4) h_ _ßen 5) W_ _n 6) B_ _r

B. 1) _ohnen 2) ha_en 3) Ka_ _ee
4) _ußball 5) A_ _elsaft 6) _olks_agen

C. 1) _ _ _auspieler 2) _ _udentin 3) ma_ _en
4) Ange_ _ellter 5) A_ _ so. 6) Mil_ _

D. 1) K_ln 2) Verk_ _ferin 3) Danke sch_n!
4) nat_rlich 5) _rztin 6) D_ _tsch

3. Stellen Sie sich als Seiko vor. 聖子のつもりで自己紹介をしましょう。

1) Schreiben Sie. 聖子の自己紹介を，キーワードを手がかりに書いてください。

2) Sprechen Sie. Benutzen Sie nur die Stichwörter. キーワードだけを見ながら，聖子のつもりで自己紹介をしましょう。

Ich kann das!	☺	😐	☹
自己紹介ができる			
相手の名前，出身地，居住地，職業，趣味を尋ねることができる			
飲み物の注文ができる			

1．不定詞と定動詞

不定詞：動詞が何の変化もしていない状態

komm**en**
語幹　語尾

定動詞（定形）：文中で主語に応じて変化した形。主文の中では常に２番目に置かれる（＝定形第２位）。
疑問詞を用いない疑問文では文頭に置く。疑問詞がある場合は，疑問詞の後に置く。

Kommst du aus Kobe?　　— Nein, ich komme aus Osaka.

Woher kommst du?　　　— Ich komme aus Kobe.

2．規則的な変化をする動詞の現在人称変化

動詞の形は，主語の人称と数に応じて変化する。規則的な変化をする動詞の現在人称変化では，主語に応じて語幹に次のような語尾がつく。

	単数		複数	
1 人称	ich 私は	語幹 + e	wir 私たちは	語幹 + en
2 人称	du 君は	語幹 + (e)*st	ihr 君たちは	語幹 + (e)*t
	Sie あなたは	語幹 + en	Sie あなたたちは	語幹 + en
3 人称	er 彼は sie 彼女は es それは	語幹 + (e)*t	sie 彼らは 彼女らは それらは	語幹 + en

* 語幹が -t や -d で終わる場合には，口調上の e を入れる

3．sein と haben の現在人称変化

不定詞　**sein** 〜である（英語の *be* 動詞）			
ich	bin	wir	sind
du	bist	ihr	seid
Sie	sind	Sie	sind
er sie es	ist	sie	sind

haben 〜を持っている			
ich	habe	wir	haben
du	hast	ihr	habt
Sie	haben	Sie	haben
er sie es	hat	sie	haben

Der erste Tag in der Gastfamilie
ホストファミリーでの第一日目

Disc1-16
016

Hallo, Julia!
Wie geht's?

Sehr gut!
Und dir?

Gut!

Es geht.

Nicht so gut.

Guten Tag, Herr Grund! Wie geht es Ihnen?

Danke, gut! Und Ihnen?

Danke, auch gut.

Sind Sie müde, Frau Ogawa?

Ja, ich bin sehr müde.

Hast du Hunger?

Ja, ich habe Hunger.

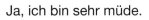

Teil 1 Am Flughafen. ドイツに到着した聖子を，ホームステイ先のオリヴァーが出迎えます。

Oliver   Seiko

Bist du Seiko?

Oliver, Oliver Berger.

Sprichst du Deutsch?

Willkommen in Deutschland!
Bist du müde?

Ja, und du bist ...

Hallo!

Ja, ein bisschen.

Nein ... (sie gähnt) ... ja.

sprichst < sprechen 話す　　ein bisschen 少し
Willkommen in ...！〜へようこそ
müde 疲れた　　gähnen あくびをする

Übung 1 Ergänzen Sie zuerst die Fragen und hören Sie dann den Dialog.　聖子にオリヴァーがいろいろ質問しています。下の動詞を使って，オリヴァーの質問を完成させてください。その後 Dialog を聴いて確認してください。

> kommen ：Du **kommst** aus Japan.
> sein　　：Du **bist** Student / Studentin.
> sprechen：Du **sprichst** Deutsch.

.... du aus Osaka?

.... du Studentin?

Was .... du?

Wie lange .... du in Deutschland?

Du .... gut Deutsch!

Nein, aus Kobe.

Ja.

Soziologie.

Ein Jahr.

Danke.

wie lange どのくらいの間

> kommen　bleiben　sein　sprechen　studieren

Disc1-19
019 **Übung 2** Hören Sie. Was sagen Seiko und Oliver? 今度は聖子がオリヴァーに質問をしています。Dialog を聴いて，① 正しい答えに印をつけてください。② 下線部に動詞を聴き取って入れてください。

.... du ☐ Student ☐ Schauspieler ☐ Kellner?

Ja, aber ich .... zurzeit ein Praktikum.

Ein Praktikum? Und wo?

In einer ☐ Bank ☐ Firma ☐ Schule.

Was .... du gern?

Ich .... gern
☐ Fußball ☐ Basketball ☐ Volleyball.

.... du Japanisch?

Nein, aber ich spreche Englisch und ein bisschen
☐ Französisch ☐ Spanisch ☐ Koreanisch.

aber しかし　　zurzeit 目下のところ　　s Praktikum 実習　　e Bank 銀行　　e Firma 会社
e Schule 学校　　Französisch フランス語　　Spanisch スペイン語　　Koreanisch 韓国語

Disc1-20
020 **Zahlen**

0 null	10 **zehn**	20 zwanzig	30 **dreißig**
1 eins	11 **elf**	21 ein**und**zwanzig	40 vierzig
2 zwei	12 **zwölf**	22 zwei**und**zwanzig	50 fünfzig
3 drei	13 dreizehn	23 drei**und**zwanzig	60 **sech**zig
4 vier	14 vierzehn	24 vier**und**zwanzig	70 **sieb**zig
5 fünf	15 fünfzehn	25 fünf**und**zwanzig	80 achtzig
6 sechs	16 **sech**zehn	26 sechs**und**zwanzig	90 neunzig
7 sieben	17 **sieb**zehn	27 sieben**und**zwanzig	100 hundert
8 acht	18 achtzehn	28 acht**und**zwanzig	101 hunderteins
9 neun	19 neunzehn	29 neun**und**zwanzig	

1 000　tausend　　　100 000　hunderttausend

10 000　zehntausend　　1 000 000　eine Million

Teil 2 Familienfoto 聖子は家族の写真を見せています。

Oliver　　　　　　　　Seiko

Wer ist das?　　　　　　Das ist mein Bruder Koji.

Und was ist er von Beruf?

Er ist Lehrer. Er wohnt in Osaka.

Wie alt ist er?　　　　　　Er ist dreißig.

Und das sind deine Eltern, nicht wahr?

Ja, sie wohnen in Kobe.
Mein Vater ist Angestellter und meine
Mutter ist Beamtin.

> wer 誰　mein 私の〜（後ろに男性名詞, 中性名詞が来るときの形。女性名詞, 複数のときはmeine。46ペー
> ジ参照）　wie alt 何歳?（英語のhow old に対応）　Eltern pl 両親
> ..., nicht wahr? （文の後につけて）〜だよね？　Beamtin（女性の）公務員（男性はBeamter）

Übung 3 Spielen Sie den Dialog weiter.　オリヴァーになったつもりで，おじのイェーガー氏に
ついての質問にそれぞれ答えてみてください。

> heißen : Er **heißt** Oliver. / Sie **heißt** Seiko.
> sein : Er **ist** Student. / Sie **ist** Studentin.

Wer ist das?　　　　　Das ist mein Onkel.

Wie heißt er?　　　　　Er heißt ....

Was ist er von Beruf?　　Er ist ....

Wie alt ist er?　　　　　Er ist ....

Wo wohnt er?　　　　　Er wohnt in ....

Was macht er gern?　　　Er .... gern.

Name: Werner Jäger
Beruf: Angestellter
Alter: 53
Wohnort: Köln
Hobby: tanzen

Übung 4 Stellen Sie Ihre Familie vor.　自分の家族，友人を紹介してください。

Das ist mein ....　　　Er ....

Das ist meine ....　　　Sie ....

Vater 父　Mutter 母　Bruder 兄・弟　Schwester 姉・妹　Großvater 祖父
Großmutter 祖母　Freund 友人（男性）　Freundin 友人（女性）

Beamter / Beamtin 公務員
Hausmann / Hausfrau 主夫／主婦
Rentner / Rentnerin 年金生活者
Schüler / Schülerin 生徒
Techniker / Technikerin 技術者

fahren : Er / Sie **fährt** gern Rad.
lesen　: Er / Sie **liest** gern.
sehen　: Er / Sie **sieht** gern Filme.

kochen 料理をする　fotografieren 写真を撮る　Musik hören 音楽を聴く　singen 歌う
lesen 読書をする　Rad fahren 自転車に乗る　Filme sehen 映画を観る　schwimmen 泳ぐ
shoppen gehen ショッピングに行く　Computerspiele spielen コンピューターゲームをする

9ページも参照

Disc1-22
022
Übung 5 Hören Sie. Was sagen Oliver und Seiko?　聖子とオリヴァーがある写真を見ながら
話しています。誰について話していますか？　①下線部には適切な疑問詞を聴き取って入
れてください。②正しい答えに印をつけてください。

.... ist das?　　Das ist meine
　　　　　　　　　　　　　□ Freundin　□ Mutter　□ Schwester　Nadine.

Sie ist schön. .... ist sie von Beruf?

Sie ist　□ Verkäuferin　□ Webdesignerin
　　　　□ Schauspielerin.

Und .... wohnt sie?

Sie wohnt in　□ Hamburg　□ Frankfurt　□ München.

schön 美しい

1.　Bingo: 0 〜 30 の間で好きな数字をマスの中に書きます。クラスやグループで一人ひとつず
　　つ好きな数字を言っていきます。
　　自分の書いた数字の中に読み上げられた数字があれば, 消していきます。消した数字が縦, 横,
　　斜めのいずれかで5つそろえば, BINGO と言い, その人が勝ちとなります。

2.　Kreuzworträtsel: クロスワードパズルです。下のヒントを手がかりに, 下線部に入る語を見
　　つけてください。

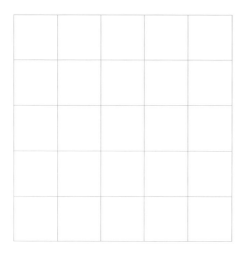

V	W	X	Y	Z	A	B	C	D
L	M	N	O	P	Q	R	S	T
H	I	J	K	M	T	U	V	O
E	F	R	E	U	N	D	I	N
O	G	U	N	T	A	E	R	S
N	H	V	A	T	E	R	D	F
K	I	E	H	E	I	J	K	L
E	J	G	O	R	A	N	G	E
L	M	N	O	P	Q	R	S	T

横 Herr Berger ist Olivers ....

　　Nadine ist Olivers ....

縦 Frau Berger ist Olivers ....

　　Herr Jäger ist Olivers ....

　　Koji ist Seikos ....

1. Ergänzen Sie. 表を完成させてください。

	heißen ～という名である	machen ～する	arbeiten 働く	sein ～である	sprechen 話す
ich 私は	heiße		arbeite		spreche
Sie あなたは		machen		sind	
du 君は	heißt				sprichst
er 彼は sie 彼女は		macht	arbeitet	ist	

2. 下線部に適切な疑問詞を枠内から選んで入れてください。

$$\boxed{\text{was} \quad \text{wie} \quad \text{wo} \quad \text{woher}}$$

1) ○ .... geht es dir? ● Danke, gut. Und dir?

2) ○ .... kommst du? ● Ich komme aus Kyoto.

3) ○ .... ist dein Bruder von Beruf? ● Er ist Schauspieler.

4) ○ .... heißt du? ● Ich heiße Julia.

5) ○ .... machst du gern? ● Ich höre gern Musik.

6) ○ .... alt bist du? ● Ich bin 20 Jahre alt.

7) ○ .... wohnen deine Eltern? ● Sie wohnen in Kobe.

3. 下線部に（　）内の動詞を適切な形にして入れてください。

1) Das .... meine Schwester. (sein) Sie .... Maria. (heißen)

2) ○ Wo .... du? ● Ich .... in Köln. (wohnen)

3) ○ .... du Student? ● Nein, ich .... Fußballspieler. (sein)

4) Mein Vater .... Angestellter. (sein) Er .... bei Volkswagen. (arbeiten)

5) ○ .... du Deutsch? ● Ja, ein bisschen. Ich .... auch Englisch. (sprechen)

6) ○ .... du aus Amerika? ● Nein, ich .... aus Deutschland. (kommen)

Ich kann das!	☺	☺	☹
du を使って相手の名前，出身地，住んでいる町，職業，趣味を尋ねることができる			
自分の家族や友人を紹介することができる			

不規則な変化をする動詞の現在人称変化

不規則な変化をする動詞の人称変化では，du と er/sie/es のとき，語幹の母音が変わる。語尾は規則変化と同じ。

> Wohin fährst du im Sommer? — Ich fahre nach Hokkaido.
>
> Isst du gern Sushi? — Ja, ich esse sehr gern Sushi.
>
> Liest du gern Romane? — Nein, ich lese lieber Krimis.

《a→ä》

不定詞 **fahren** （乗り物で）行く			
ich	fahre	wir	fahren
du	f**ä**hrst	ihr	fahrt
Sie	fahren	Sie	fahren
er sie es	f**ä**hrt	sie	fahren

不定詞 **schlafen** 寝る			
ich	schlafe	wir	schlafen
du	schl**ä**fst	ihr	schlaft
Sie	schlafen	Sie	schlafen
er sie es	schl**ä**ft	sie	schlafen

《e → i》

不定詞 **sprechen** 話す			
ich	spreche	wir	sprechen
du	spr**i**chst	ihr	sprecht
Sie	sprechen	Sie	sprechen
er sie es	spr**i**cht	sie	sprechen

不定詞 **essen** 食べる			
ich	esse	wir	essen
du	**i**sst	ihr	esst
Sie	essen	Sie	essen
er sie es	**i**sst	sie	essen

《e → ie》

不定詞 **lesen** 読む／読書をする			
ich	lese	wir	lesen
du	l**ie**st	ihr	lest
Sie	lesen	Sie	lesen
er sie es	l**ie**st	sie	lesen

不定詞 **sehen** 見る			
ich	sehe	wir	sehen
du	s**ie**hst	ihr	seht
Sie	sehen	Sie	sehen
er sie es	s**ie**ht	sie	sehen

Seikos neue Umgebung 新しい環境

r Schrank

r Stuhl

r Tisch

s Bett

s Sofa

r Schreibtisch

e Tischlampe

r Staubsauger

r Laptop

r Fernseher

r Kühlschrank

e Waschmaschine

s Bücherregal

s Regal

e Uhr

Teil 1 Seikos Zimmer　オリヴァーのお父さんが聖子を部屋に案内します。

Herr Berger　　　　　　　　　　Seiko

So, das ist Ihr Zimmer. Nicht groß, aber gemütlich.

Das Zimmer ist schön!
Ein Bett, ein Tisch, ein Stuhl,
ein Schrank und ein Regal.

Ja, alles ist da.

Ja, aber haben Sie vielleicht noch
eine Tischlampe?

Ach ja, natürlich.

so さて　　Ihr +男性及び中性名詞の単数形（Ihre +女性名詞及び
名詞の複数形）あなたの〜は　　s Zimmer 部屋　　nicht 〜ない
groß 大きい　　gemütlich 居心地のよい　　schön 美しい
alles すべてのもの　　da ここに／そこに
vielleicht ひょっとして　　noch さらに

Das ist | **ein**　Tisch.　(der Tisch)
　　　　| **eine**　Lampe.　(die Lampe)
　　　　| **ein**　Regal.　(das Regal)

Übung 1　Was ist das?　例にならって部屋にある家具をドイツ語で言ってみましょう。

Was ist das?　　　　　Das ist ein Tisch.

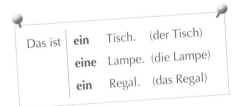

1) 　2) 　3) 　4)

5) 　6) 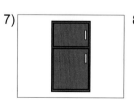　7) 　8)

Übung 2 Was fragt Seiko? 何かが欲しいときや足りないときに「～はありませんか？」と尋ねるには，Haben Sie vielleicht noch einen / eine / ein ...? と言うとよいでしょう。聖子になったつもりで下の絵の物があるかどうか尋ねてください。

Entschuldigung, haben Sie vielleicht
noch ....?

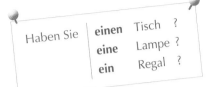

Haben Sie	einen	Tisch	?
	eine	Lampe	?
	ein	Regal	?

1)

s Handtuch

2)
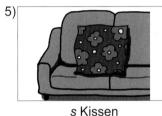
e Wolldecke

3)

r Kleiderbügel

4)
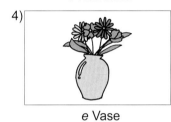
e Vase

5)

s Kissen

6)

r Papierkorb

Disc1-24
024

Übung 3 Hören Sie. Was hat Oliver in seinem Zimmer? 聖子はオリヴァーの部屋を見せてもらっています。彼の部屋には何がありますか？ あるものに印をつけましょう。

Das ist mein Zimmer. Es ist klein, aber gemütlich.

Das Zimmer ist schön! Ein Bett, ein Schreibtisch, ein Stuhl,
☐ ein Sofa, ☐ ein Schrank, ☐ eine Tischlampe, ☐ ein Laptop,
☐ ein Bücherregal, ☐ ein Regal, ☐ eine Ladestation.
Alles ist da!

klein 小さい   e Ladestation 充電器

Was haben Sie in Ihrem Zimmer? 自分の部屋に何があるかドイツ語で言ってください。

番外編 ① Was haben Sie? Und was haben Sie nicht? 持っていない物もあげましょう。
② Machen Sie Interviews. インタビューをしてください。

Hast du	einen	Fernseher	?
	eine	Tischlampe	
	ein	Regal	
	......	......	

Ich habe	keinen	Tisch.
	keine	Lampe.
	kein	Regal.

Teil 2 Seiko schreibt ihrem Deutschlehrer in Japan eine Mail. 聖子は日本にいる先生にメールを書きます。

Lieber Herr Schmidt,

ich bin schon einen Monat in Deutschland! Meine Gastfamilie ist sehr nett. Mein Zimmer ist klein, aber gemütlich. Ich habe fast alles: ein Bett, einen Tisch, einen Stuhl, einen Schrank und ein Regal. Aber ich habe noch keinen Haartrockner ...
Die Schule ist super! Mein Lehrer, Herr Grund, ist sehr lustig.
Ich habe hier viel Spaß!

Viele Grüße
Seiko Ogawa

---

schon すでに　　einen Monat (< r Monat) 1カ月間　　e Gastfamilie ホストファミリー
nett 親切な　　fast ほとんど　　r Haartrockner ヘアドライヤー　　e Schule 学校　　super すごくよい
lustig 面白い　　viel たくさんの　　r Spaß 楽しみ (Spaß haben 楽しみを持つ → 楽しんでいる)
Grüße (pl < r Gruß) あいさつ (Viele Grüßeは手紙やメールでの結び言葉)

Übung 4 Fragen zum Lesetext. Richtig oder falsch? Kreuzen Sie an. 上のメールを読んで、その内容に合う文は richtig に、合わない文は falsch に印をつけてください。

	richtig	falsch
1) Seikos Lehrer in Japan ist Herr Grund.	☐	☐
2) Seiko ist in Deutschland.	☐	☐
3) Seikos Gastfamilie ist nett.	☐	☐
4) Seiko hat keinen Schrank.	☐	☐
5) Seiko hat einen Haartrockner.	☐	☐
6) Herr Grund ist lustig.	☐	☐
7) Seiko hat viel Spaß.	☐	☐

Übung 5　Ergänzen Sie.　下線部に適当な定冠詞を入れ，文を完成させてください。

1) Ich habe ein Zimmer. .... Zimmer ist nicht groß, aber gemütlich.

2) Mein Vater hat einen Tisch. .... Tisch ist sehr alt.

3) Ich habe eine Uhr. .... Uhr ist supermodern.

4) Meine Freundin hat einen Haartrockner. .... Haartrockner ist teuer.

5) Meine Mutter hat eine Tischlampe. .... Tischlampe ist aus Italien.

supermodern 最新の　　teuer（値段が）高い

Übung 6　Wie finden Sie den Tisch? Wie finden Sie den Stuhl?　例にならって，それぞれの家具についてどう思うか尋ね合ってください。

	den Tisch	
Wie findest du	die Lampe ?	
	das Bett	

Der Tisch	
Die Lampe	ist ....
Das Bett	

schön ⟷ hässlich みにくい／不格好な
cool かっこいい　　originell 独創的な
praktisch 便利な／使い勝手のよい
unpraktisch 不便な／使い勝手の悪い
groß 大きい ⟷ klein 小さい

1 格（〜は）	4 格（〜を）
der Tisch	den Tisch
die Lampe	die Lampe
das Bett	das Bett

1)
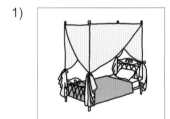
s Bett

2)

r Schreibtisch

3)
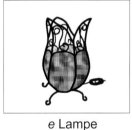
e Lampe

5)

r Stuhl

6)

s Sofa

7)

e Uhr

番外編　Schreiben Sie eine Mail an Oliver!　オリヴァー宛てのメールを書き，あなたの部屋の様子を知らせてみましょう。

① Betreff: Hallo aus Deutschland

② Lieber Herr Schmidt,

③ ich bin schon einen Monat in Deutschland! Meine Gastfamilie ist sehr nett. Mein Zimmer ist klein, aber gemütlich. Ich habe fast alles: ein Bett, einen Tisch, einen Stuhl, einen Schrank und ein Regal. Aber ich habe noch keinen Haartrockner ...

Die Schule ist super! Mein Lehrer, Herr Grund, ist sehr lustig.
Ich habe hier viel Spaß!

④ Viele Grüße

⑤ Seiko Ogawa

① 件名：メールの件名は，相手に内容が伝わるような短いものにするとよい。

② 相手に対する呼びかけ：呼びかけは，相手との親しさによって使い分けます。呼びかけの後にはコンマを入れます。

	女性	男性	ジェンダーニュートラル
親しい間柄	Liebe Seiko, Liebe Frau Ogawa,	Lieber Oliver, Lieber Herr Berger,	挨拶 + ファーストネーム Hallo, Seiko! Guten Morgen, Seiko! Guten Tag, Oliver! Guten Abend, Julia!
距離のある間柄	Sehr geehrte Frau Ogawa,	Sehr geehrter Herr Berger,	挨拶 + フルネーム Hallo, Seiko Ogawa! Guten Tag, Oliver Berger! Guten Abend, Inge und Hans Berger!
不特定の相手	Sehr geehrte Damen und Herren,		Guten Tag,

③ 本文：本文は呼びかけに続くので，小文字で始めます。日本語での手紙のように時候のあいさつを書く必要はありません。

④ 結びのことば：本文の後には結びのことばを書きます。①の呼びかけに応じて使い分けます。
　親しい間柄 → Viele Grüße / Herzliche Grüße / Liebe Grüße
　距離のある間柄（や不特定の相手に対して）→ Mit freundlichen Grüßen

⑤ 署名：最後に自分の名前を書きます。

1. Ordnen Sie. 与えられた名詞を，名詞の性にしたがって分類してください。

> Handtuch   Bett   Bücherregal   Laptop   Fernseher
> Haartrockner   Kissen   Kleiderbügel   Kühlschrank   Papierkorb
> Regal   Schrank   Sofa   Staubsauger   Stuhl   Tisch
> Tischlampe   Uhr   Waschmaschine   Wolldecke   Vase

der	die	das

2. Antworten Sie mit „Nein". 例にならって答えてください。

○ Hast du einen Haartrockner?　　● Nein, ich habe keinen Haartrockner.

1) ○ Hast du einen Laptop?　　● Nein, ...

2) ○ Hast du eine Uhr?　　● Nein, ...

3) ○ Hast du ein Bett?　　● Nein, ...

4) ○ Hast du einen Schrank?　　● Nein, ...

5) ○ Hast du eine Waschmaschine?　　● Nein, ...

Ich kann das!	☺	😐	☹
自分の部屋に何があるのか（何が足りないか）を説明できる			
手紙やはがき，メールを書くことができる			

1. 名詞

ドイツ語の名詞には文法上の性があり，男性・女性・中性名詞の3つのグループに分かれる。

男性名詞	女性名詞	中性名詞
der Vater	die Mutter	das Kind
der Tisch	die Lampe	das Bett

この教科書では名詞の性を *r* (der)，*e* (die)，*s* (das) と表す

2. 冠詞

名詞の性によって異なる形を持ち，文中での名詞の機能に応じて形を変える。
これを格変化と呼ぶ。

不定冠詞：英語の *a* / *an* に対応し，「ある一つの〜」という意味
合いを持つ。

Ich habe ein Häuschen, aber kein Bett ...

1格	4格
Da ist ein Tisch.	Ich habe einen Tisch.
Da ist eine Lampe.	Ich habe eine Lampe.
Da ist ein Bett.	Ich habe ein Bett.

《不定冠詞の格変化》 まず1格と4格を覚えよう

	r Tisch		*e* Lampe		*s* Bett	
1格（〜は）	**ein**	**Tisch**	**eine**	**Lampe**	**ein**	**Bett**
2格	eines	Tisches	einer	Lampe	eines	Bettes
3格	einem	Tisch	einer	Lampe	einem	Bett
4格（〜を）	**einen**	**Tisch**	**eine**	**Lampe**	**ein**	**Bett**

定冠詞：英語の *the* に対応し，「その〜」という意味合いを持つ。

1格	4格
Der Tisch ist zu groß.	Wie findest du den Tisch?
Die Lampe ist sehr schön.	Wie findest du die Lampe?
Das Bett ist teuer.	Wie findest du das Bett?

《定冠詞の格変化》 格変化のパターンは不定冠詞の場合と大体共通している。女性名詞と中性名詞は1格と4格が同形

	r Tisch		*e* Lampe		*s* Bett	
1格	**der**	**Tisch**	**die**	**Lampe**	**das**	**Bett**
2格	des	Tisches	der	Lampe	des	Bettes
3格	dem	Tisch	der	Lampe	dem	Bett
4格	**den**	**Tisch**	**die**	**Lampe**	**das**	**Bett**

Seiko geht in die Stadt

聖子は町へ行きます

s Blumengeschäft

r Marktplatz

e Apotheke

r Supermarkt

e Bäckerei

e Buchhandlung

s Café

Teil 1 Seiko hat eine Frage. 聖子が尋ねます。

Seiko
Oliver

Du Oliver, ich habe eine Frage.

Ja?

Ist hier in der Nähe eine Post?

Ja, die Post ist gleich um die Ecke.

Oh prima!

Gehst du jetzt auf die Post?

Ja, ich brauche Briefmarken.

e Frage 質問　　hier in der Nähe この近くに　　*e* Post 郵便局　　gleich （空間的・時間的に）すぐ
um die Ecke 角を曲がって　　prima すばらしい　　gehst < gehen 行く　　jetzt 今，これから
auf die Post 郵便局へ　　brauche（< brauchen）必要である　　*e* Briefmarke / -n 切手

Übung 1 Ordnen Sie zu. 例にならって，線で結んでください。

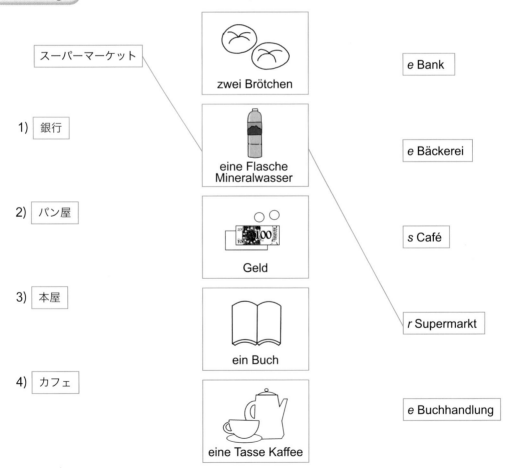

スーパーマーケット

zwei Brötchen

e Bank

1) 銀行

eine Flasche
Mineralwasser

e Bäckerei

2) パン屋

Geld

s Café

3) 本屋

ein Buch

r Supermarkt

4) カフェ

eine Tasse Kaffee

e Buchhandlung

Übung 2 Fragen Sie in der Klasse. 「この近くに〜はありますか?」とクラスメートに尋ねてください。Übung 1 の単語を使ってください。答える人は ja か nein で答えましょう。

Ist hier in der Nähe | eine Post ?
| ein ....?

Ja, ich | hole | Briefmarken.
| kaufe |

Ja, gleich um die Ecke.
Holst* | du | Briefmarken?
Kaufst |

holst < holen 買ってくる

Übung 3 Wohin geht Seiko? Schauen Sie auf die Zeichnungen. 聖子はどこへ行くのですか? 34 ページのイラストを見て,「聖子は〜へ行く」という文を作りましょう。

Wohin geht Seiko?   r Supermarkt →   Sie geht in den Supermarkt.

Sie geht | **in den** | Supermarkt.
| **in die** | Bäckerei.
| **ins*** | Café.
| **auf die** | Post.**
| **auf den** | Marktplatz.

*ins = in das
**r Bahnhof (駅), e Bank (銀行),
 e Post (郵便局), r Marktplatz (市場)
 には, in ではなく auf + 4 格を用いる

Disc1-27
027
Übung 4 Hören Sie. Was macht Oliver? Was machen Herr und Frau Berger? オリヴァーとベルガー夫妻は,今日の午後それぞれ何をするのでしょうか? 聴き取った語を下線部に書き入れて,会話を完成させましょう。

1) Was machst du heute Nachmittag, Oliver?

Ich gehe ....
Ich kaufe .... und ....

2) Frau Berger, Herr Berger, was machen Sie heute Nachmittag?

Wir gehen ....
.... ist gleich um die Ecke.
Kommen Sie doch mit!

Ja, gern!

mit|kommen 一緒に来る(分離動詞, 56ページ参照)

Teil 2 Seiko muss in die Stadt gehen. 聖子は街へ行かなければなりません。

Seiko   Oliver

Du Oliver, wie spät ist es?

Es ist drei Uhr.

Was? Schon drei Uhr? Ich muss los!

Nanu, warum hast du es so eilig?

Ich brauche Brötchen, Mineralwasser,
Shampoo ... und ein Buch. Kommst du mit?

Gern!

spät 遅い   Wie spät ist es? 今何時ですか？   drei Uhr 3時   schon もう

Ich muss los! 出かけなきゃ!   nanu えっ？   warum なぜ   Hast du es eilig? 急いでるの？

Übung 5 Sagen Sie die Uhrzeit. 例にならって時刻を言ってください。

Wie spät ist es?

Es ist ein Uhr fünfzehn .

1)   2)   3)    4)

5)   6)   7)    8)

Übung 6 Seiko geht in die Stadt. 聖子は何時にどこへ行き，そこで何をしますか？ 絵を見て
会話を作ってください。

Wohin geht Seiko um 10 Uhr 30?

Um 10 Uhr 30 geht Seiko auf die Bank.
Sie holt Geld.

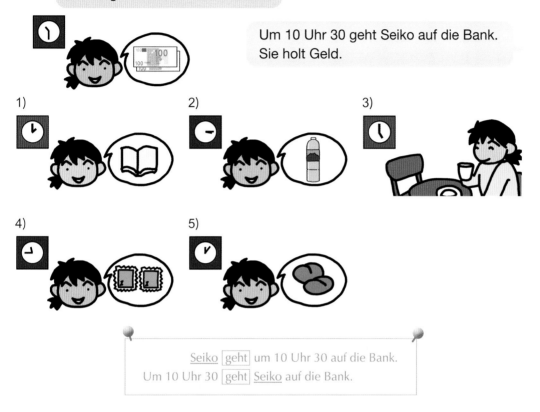

1)

2)

3)

4)

5)

Seiko geht um 10 Uhr 30 auf die Bank.
Um 10 Uhr 30 geht Seiko auf die Bank.

Übung 7 Fragen Sie in der Klasse. 今日は何時にどこへ行くのか，クラスメートに尋ねてくださ
い。

r Tennisplatz テニスコート	s Kaufhaus デパート	s Schwimmbad プール
e Bibliothek 図書館	r Fußballplatz サッカーグラウンド	s Museum 博物館
e Mensa 学生食堂	s Restaurant レストラン	r Klub (r Club) クラブ
s Konzert コンサート	s Theater 劇場	s Kino 映画館
s Fitnessstudio フィットネススタジオ	s Baseballstadion 野球スタジアム	e Stadt 街

Was machst du heute um .... Uhr?

Ich gehe ....

1. Wie viele Wörter finden Sie? 単語を見つけてください。

X	M	E	B	R	Ö	T	C	H	E	N	N	U	X
M	W	Y	Ä	W	E	L	T	A	B	I	R	T	A
S	S	R	C	A	F	É	B	S	T	O	N	E	S
I	F	Z	K	W	I	S	R	I	N	T	A	N	U
N	T	H	E	A	S	M	I	L	C	H	R	R	P
G	K	A	R	A	O	K	E	L	A	D	E	N	E
E	S	S	E	N	Z	A	F	I	L	M	I	K	R
N	I	K	I	N	O	L	M	U	P	O	S	T	M
T	A	N	Z	E	N	K	A	F	F	E	E	S	A
L	R	E	S	T	A	U	R	A	N	T	B	I	R
R	L	C	K	E	T	A	K	O	F	N	Ü	L	K
D	I	A	P	O	T	H	E	K	E	B	R	O	T
A	G	E	S	C	H	Ä	F	T	T	M	O	N	S

横

小さいパン	:	Brötchen	パン	:	Brot
カフェ	:	_____	牛乳	:	_____
カラオケ店	:	_____	食べる	:	_____
映画	:	_____	映画館	:	_____
郵便局	:	_____	踊る	:	_____
コーヒー	:	_____	レストラン	:	_____
薬局	:	_____	お店	:	_____

縦

歌う	:	_____	パン屋	:	Bäckerei
切手	:	_____	スーパーマーケット	:	_____

2. Machen Sie zusammengesetzte Wörter. Üben Sie die Aussprache.

  ① 例にならって，２つの語を合わせて単語を作り，書いてください。

例) Blumen   *s* Stadion   →

1) Buch   *r* Platz   →

2) Mineral   *s* Geschäft   →   *s* Blumengeschäft

3) Baseball   *s* Studio   →

4) Fitness   *s* Wasser   →

5) Tennis   *e* Handlung   →

Disc1-29
029

  ② 音声を聴いて，後に続けて発音練習をしましょう。

1. Ergänzen Sie. 下線部を埋めてください。

1) Seiko braucht Briefmarken. Sie geht auf die ....

2) Frau Berger braucht Milch. Sie geht in den ....

3) Oliver braucht ein Buch. Er geht in die ....

4) Ich brauche Geld. Ich gehe auf die ....

5) Bergers brauchen Brötchen. Frau Berger geht in die ....

2. Wie spät ist es? 40 ページを参照して言い換えてみましょう。

Es ist fünfzehn Uhr dreißig. → *Es ist halb vier.*

1) Es ist vierzehn Uhr fünfzehn. → ....

2) Es ist sechzehn Uhr fünfundvierzig. → ....

3) Es ist achtzehn Uhr dreißig. → ....

4) Es ist einundzwanzig Uhr fünf. → ....

5) Es ist dreiundzwanzig Uhr fünfzig. → ....

3. Wohin geht Seiko? 聖子はどこへ行きますか？

Seiko tanzt gern. ...*Sie geht in den Klub.*...........................

1) Seiko singt gern. ....

2) Seiko sieht gern Baseball. ....

3) Seiko sieht gern Filme. ....

4) Seiko braucht ein Buch. ....

5) Seiko ist müde und braucht einen Kaffee. ....

6) Seiko hat Hunger. ....

> *e* Buchhandlung *s* Baseballstadion *s* Café
>
> *r* Klub *s* Kino *r* Karaokeladen *e* Mensa

Ich kann das!	☺	😐	☹
どこへ行くか言うことができる			
時刻を言うことができる			
近くに郵便局やお店などがあるかどうか尋ねることができる			

BAUSTEINE

Disc1-30
030

1. 時刻 (Uhrzeit)

日常会話では下のような時刻表現がよく使われます。

Wie spät ist es?　　　　**Es ist ein Uhr.**

Es ist ein Uhr.

Es ist fünf **nach** eins.

Es ist **Viertel nach** eins.

Es ist **halb** zwei.

Es ist **Viertel vor** zwei.

Es ist zehn **vor** zwei.

2. 前置詞 in / auf を使った方向表現

前置詞 in / auf は4格の名詞と結びついて「～へ」と方向を表す。

Wohin gehst du?　　Ich gehe **in** den Supermarkt.

in die Bäckerei.

ins Kino. < **in** das Kino.

auf die Post.

Ich gehe um die Ecke.

Robert geht ins Häuschen.

Er springt auf das Häuschen.

s Häuschen = *e* Hundehütte

3. 語順

時間表現はしばしば文頭に置かれる。その場合も定動詞は2番目に置く。

Seiko **geht** um halb neun in die Schule.

Um halb neun **geht** Seiko in die Schule.

e Schule　学校

Lernen und Freizeit 勉強と余暇

Was macht Seiko? 聖子は何をしていますか？ 絵に合う文を選んで書き入れましょう。

Seiko isst ein Eis.

Seiko geht in die Bibliothek und lernt.

Seiko macht eine Pause.

Seiko wäscht das Auto.

Seiko schreibt eine E-Mail.

Seiko lernt Vokabeln.

....

....

....

....

....

....

Teil 1 Nach dem Unterricht. 授業の後，聖子が Mediathek（視聴覚資料室）で辞書や数冊の本をかたわらに何やら書いています。そこへ同じクラスのアランが声をかけてきました。

Alain   Seiko

Du Seiko, was machst du denn?

Ach, Alain!
Ich muss bis morgen einen Aufsatz schreiben.

Immer musst du lernen!
Willst du nicht mal eine Pause machen?

Nein, das geht nicht.

Schade, Carmen und ich möchten
ein Eis essen gehen.

Eis? Dann ja!

denn（疑問文の中で強い関心を表す）いったい
muss ～しなければならない（< müssen 英語の*must*に対応）   bis ～まで（に）
morgen 明日   *r* Aufsatz 作文, レポート   schreiben 書く   immer いつも
willst（< wollen）～したい   mal ちょっと
e Pause 休憩（eine Pause machen 休憩する）
Das geht nicht. だめです   schade 残念だ
möchten ～したいと思う   *s* Eis アイスクリーム, 氷
essen gehen 食べに行く（essen 食べる   gehen 行く）
dann それだったら

Ich | muss | einen Aufsatz schreiben.
　　　　↑　　　　　　　　　　↑
　　話法の助動詞　　　　　不定詞

Übung 1 Schlagen Sie vor, ein Eis essen zu gehen. クラスメートに「アイスクリームを食べに行こう」と誘ってみてください。誘われたほうは，「～しなければならない」と話法の助動詞 müssen を使い，断ってください。

Wir möchten ein Eis essen gehen.
Möchtest du auch kommen?

Ich **schreibe** einen Aufsatz auf Deutsch.
↓

Nein, das geht nicht.
Ich | muss | einen Aufsatz auf Deutsch **schreiben**.

1) Ich **mache** Hausaufgaben.

2) Ich **arbeite** für einen Test.

3) Ich **lerne** Vokabeln.

4) Ich **gehe** in den Supermarkt.

5) Ich **gehe** in die Apotheke.

Übung 2 Was möchte Seiko wohl machen? Was muss sie wohl tun? 聖子は何をしたい
のですか，何をしなければいけないのですか？

Seiko muss Vokabeln lernen.

Seiko möchte Pizza essen gehen.

Vokabeln lernen	Pizza essen gehen	ins Kino gehen
Grammatik lernen	ins Café gehen	Hausaufgaben machen
ein Eis essen gehen	eine Pause machen	für einen Test lernen
eine E-Mail schreiben	japanisch essen	in die Bibliothek gehen

Übung 3 Was müssen Sie machen? Was möchten Sie machen? Schreiben Sie. あなた
は何をしなければいけませんか，何をしたいと思いますか？ それぞれ 3 つの文を書いて
ください。

Ich muss für einen Test lernen. Ich muss ...

Ich möchte eine Pause machen. Ich möchte ...

Übung 4 Machen Sie in der Klasse Dialoge. Sie können die Sätze aus Übung 3 benutzen.
Übung 3 の文を使って，Dialog を作りましょう。

Ich möchte ins Konzert gehen.
Möchtest du auch ins Konzert gehen?

Nein, das geht nicht. Ich muss für einen Test lernen.

Ja, gern.

Seiko   Jan

Hallo, Jan! Was ist denn los?

Ach Seiko. Meine Gastfamilie ist sehr streng.

Ja?

Ja, es gibt bei uns sehr viele Vorschriften. Ich muss schon um 6 Uhr zum Abendessen wieder zu Hause sein. Und ich darf am Abend nicht nach 10 Uhr duschen.

Wirklich? Ich darf bis 1 Uhr duschen.

Außerdem darf ich nur bis 11 Uhr ausgehen. Da kann man ja nicht einmal in den Klub gehen!

O je. Aber meine Gastfamilie ist nicht so streng.

Da hast du aber Glück, Seiko.

Was ist denn los? いったいどうしたの？　　e Gastfamilie ホストファミリー

sehr とても　　streng 厳しい　　es gibt ... （英語の *there is / there are* に対応）

bei uns 私たちのところで　　viele Vorschriften たくさんの規則

zum Abendessen 夕食のために　　wieder 再び　　zu Haus(e) 家に／で

darf (< dürfen) 〜してよい　　darf nicht 〜してはいけない

duschen シャワーを浴びる　　wirklich ほんとうに

außerdem おまけに　　nur だけ　　aus|gehen 外出する

da それでは／その点では　　kann (< können) 〜できる　　einmal 一度

nicht so ... それほど〜ない

aber （逆接の接続詞）しかし／（主に文中で, 驚きを表して）まったく, なんて〜だ　　s Glück 幸運

Übung 5 Was muss Jan machen? Was darf er machen? Und was darf er nicht machen? ヤンのホストファミリーはとても厳しく，他にも規則がいろいろとあります。ヤンは何をしなければならないのでしょうか？　何をしてもよいのですか？　何をしてはいけませんか？

Jan ....*darf*...... einmal pro Tag .*duschen*...

1) Jan .... sein Zimmer selber ....

2 Jan .... sein Frühstück selber ....

3) Jan .... nicht ....

4) Jan .... seine Wäsche selber ....

5) Jan .... Freunde ...., aber er .... vorher die Gastfamilie fragen.

> einmal pro Tag duschen
>   日に1回シャワーを浴びる
> sein Zimmer selber putzen
>   部屋を自分で掃除する
> rauchen　タバコを吸う
> sein Frühstück selber machen
>   朝食の準備を自分でする
> seine Wäsche selber waschen
>   洗濯物を自分で洗う
> Freunde einladen
>   友達を招待する

sein / seine 彼の（46ページ参照）　　selber 自分自身で

Übung 6 Gibt es bei Ihnen zu Hause viele Vorschriften?　あなたの家には規則がたくさんあ
りますか？　しなければいけないこと、してもいいこと、してはいけないことについてクラ
スメートにインタビューしてください。

	ich	
Musst du deine Wäsche selber waschen?		
Musst du dein Zimmer selber putzen?		
Musst du dein Frühstück selber machen?		
Musst du das Auto waschen?		
Musst du das Bad putzen?		
Darfst du rauchen?		
Darfst du Musik machen?		
Darfst du am Abend ausgehen?		
Musst du die Handykosten selber bezahlen?		
Darfst du Motorrad fahren?		

s Bad 浴室　　Musik machen 楽器の演奏をする　　Handykosten pl 携帯電話料金
bezahlen 支払う　　Motorrad fahren バイクに乗る

Übung 7 Erklären Sie die Bilder.　与えられた語を使い，絵を見て「ここでは〜できる」または「こ
こでは〜してはいけない」と言ってみましょう。

Hier **kann** man schwimmen.

Hier **darf** man <u>nicht</u> parken.

1)

2)

3)

4)

Tennis spielen　　telefonieren　　rauchen　　ein Bier trinken

Disc1-33
033
Übung 8 Hören Sie.　聖子のホストファミリーは，ヤンの滞在先ほど厳しくはなさそうです。聖子
の話を聴き取って空所を補いましょう。

Meine Gastfamilie ist .... sehr streng.
Ich .... am Abend bis 24 Uhr ....
Aber meine Wäsche .... ich selber ....
Ich .... Freunde einladen.
Aber ich .... vorher die Gastfamilie ....

SPIEL

Versuchen Sie, in Gruppen die Lösungen zu finden. Wie viele richtige Lösungen finden Sie?
この教科書の登場人物についてのクイズです。グループで話し合って答えを見つけてください。いくつ当てられますか？（ヒントは 45 ページ）

1) Julia kann gut
- ☐ Klavier spielen.
- ☐ Badminton spielen.
- ☐ Tennis spielen.

2) Herr Grund darf nicht
- ☐ Auto fahren.
- ☐ rauchen.
- ☐ schwimmen.

3) Seiko muss
- ☐ ihre Wäsche selber waschen.
- ☐ ihr Frühstück selber machen.
- ☐ ihr Zimmer selber putzen.

4) Oliver kann gut
- ☐ Fußball spielen.
- ☐ schwimmen.
- ☐ backen.

5) Jan möchte
- ☐ singen.
- ☐ ins Konzert gehen.
- ☐ ein Bier trinken.

《所有冠詞》

所有冠詞は，後ろに置かれる名詞の性・数・格に応じて語尾が変化します。

1人称	ich → mein	wir → unser
2人称	Sie → Ihr	Sie → Ihr
	du → dein	ihr → euer
3人称	er → sein	
	sie → ihr	sie → ihr
	es → sein	

	男性名詞	女性名詞	中性名詞	複数形
1格	mein Freund	meine Freundin	mein Zimmer	meine Freunde
2格	meines Freundes	meiner Freundin	meines Zimmers	meiner Freunde
3格	meinem Freund	meiner Freundin	meinem Zimmer	meinen Freunden
4格	meinen Freund	meine Freundin	mein Zimmer	meine Freunde

1. Ergänzen Sie.　下から適当な動詞または話法の助動詞を選び，必要に応じて形を変え空所に入れてください。

> dürfen　　können　　müssen　　möchte(n)
>
> ausgehen　　fernsehen　　gehen
>
> haben　　lernen　　machen　　sein

1)

Ich .... heute Abend in den Klub ....
.... du auch in den Klub ....?

　　　　　Nein, das geht nicht. Heute Abend .... ich
　　　　　Vokabeln ....

Schade. .... du morgen Abend Zeit?

e Zeit　時間

　　　　　Ja, morgen Abend .... ich Zeit.

2)

Meine Gastfamilie ist auch sehr streng.
Ich .... mein Frühstück selber ....
Am Abend .... ich nur bis 10 Uhr ....

　　　　　..................... du am Abend ....?

Ja, aber ich .... bis 12 Uhr wieder zu Haus ....

Ich kann das!	☺	😐	☹
möchte を用いて「願望」（〜したいと思う）を表現できる			
wollen を用いて「意志」（〜するつもりだ）を表現できる			
müssen を用いて「義務」（〜しなければいけない）を表現できる			
dürfen を用いて「許可」（〜してよい）を表現できる			
nicht dürfen を用いて「禁止」（〜してはいけない）を表現できる			
können を用いて「可能」（〜できる）を表現できる			

1. 話法の助動詞

müssen, wollen, dürfen, können, sollen, möchte(n) は，話法の助動詞と呼ばれ，動詞（不定詞）とともに用いると，動詞の意味にいろいろな意味合いをつけ加えることができる。

① 話法の助動詞は，主語の人称に合わせて変化する

② 動詞の不定詞は文末に置かれて枠構造を作る

英語の助動詞とは異なる文の構造を作るので注意しよう。

Englisch:　I **must** present a paper.

Deutsch:　　Ich **muss** ein Referat halten.
　　　　　　　　↓　　　　　　　　↓
　　　　　　話法の助動詞　　　　不定詞

Ich kann gut Fußball spielen.

Willst du nicht eine Pause machen?

Carmen und ich **möchten** ein Eis essen gehen.

Was **musst** du heute machen?

2. 話法の助動詞の現在人称変化

	müssen 〜しなければ ならない	**wollen** 〜するつもりだ （主語の意志）	**dürfen** 〜してよい	**können** 〜できる	**sollen** 〜すべきだ	**möchte(n)** 〜したいと思う （主語の願望）
単数（Singular）						
1人称　　　ich	**muss**	**will**	**darf**	**kann**	**soll**	**möchte**
2人称　親称 du	**musst**	**willst**	**darfst**	**kannst**	**sollst**	**möchtest**
敬称 Sie	müssen	wollen	dürfen	können	sollen	möchten
3人称　er/sie/es	**muss**	**will**	**darf**	**kann**	**soll**	**möchte**
複数（Plural）						
1人称　　　wir	müssen	wollen	dürfen	können	sollen	möchten
2人称　親称 ihr	müsst	wollt	dürft	könnt	sollt	möchtet
敬称 Sie	müssen	wollen	dürfen	können	sollen	möchten
3人称　　　sie	müssen	wollen	dürfen	können	sollen	möchten

3. nicht の位置

nicht は否定したい動詞，もしくは否定したい語句の前に置く。

Seiko darf am Abend **nicht** ausgehen.　　　　聖子は夜，外出してはいけない。

Seiko darf am Abend **nicht** allein ausgehen.　聖子は夜，一人で外出してはいけない。

　　　　　　　　　　　　　　　　　　　　（一人でなければ外出してもよい）

Seikos Wochenplan 聖子の一週間

Termine	Notizen
12 Montag	
9.00-12.00	Deutsch lernen
15.00	ins Kino gehen
abends:	Hausaufgaben machen

Termine	Notizen
13 Dienstag	
9.00-12.00	Deutsch lernen
nachmittags:	Hausaufgaben machen
20.00	ins Orgelkonzert (im Dom) gehen

Termine	Notizen
14 Mittwoch	
	shoppen gehen (Badeanzug kaufen)

Termine	Notizen
15 Donnerstag	
9.00-12.00	Deutsch lernen
nachmittags:	Hausaufgaben machen
abends:	ins Fitnessstudio gehen

Termine	Notizen
16 Freitag	
9.00-12.00	Deutsch lernen
nachmittags:	Wäsche waschen

Termine	Notizen
17 Samstag	
	Zimmer putzen

Termine	Notizen
18 Sonntag	
vormittags:	brunchen gehen

brunchen gehen　ブランチを食べに行く

Was macht Seiko am

Montag?
Dienstag?
Mittwoch?
Donnerstag?
Freitag?
Samstag?
Sonntag?

Teil 1 In der Pause. 休み時間にクラスメートのユーリアが聖子に話しかけます。

Julia　　　　　　　　　　Seiko

Du Seiko, was hast du am Wochenende vor?

Ich habe noch keine Idee.

Wollen wir schwimmen gehen?

Ja, gern! Ich komme mit.
Aber ich habe keinen Badeanzug.
Ich muss erst einen Badeanzug kaufen.

vor|haben ～を計画している　　am Wochenende 週末に
noch まだ　　keine Idee haben 考えがない
Wollen wir ...? ～しませんか？
schwimmen gehen 泳ぎに行く（schwimmen 泳ぐ　gehen 行く）
mit|kommen 一緒に来る　　r Badeanzug 水着　　erst まず

mit|kommen
Ich komme mit.
Kommst du mit?
Du kannst mitkommen.

Übung 1 Machen Sie Interviews in der Klasse. クラスメートにインタビューしてみましょう。

Was hast du am Wochenende vor?

ins Kino gehen　映画を見に行く　　　　　mein Zimmer aufräumen.
↓　　　　　　　　　　　　　　　　↓
Ich gehe ins Kino.　　　　　　　Ich räume mein Zimmer auf.

ins Konzert gehen コンサートに行く	zu Hause bleiben 家で過ごす
ins Museum gehen 博物館に行く	Freunde treffen 友達に会う
shoppen gehen ショッピングに行く	einen Ausflug machen 日帰り旅行をする
auf|räumen 片づける	fern|sehen テレビを見る
aus|gehen 外出する	jobben アルバイトをする

Übung 2 Sprechen Sie über Ihren Wochenplan. 自分の 1 週間の予定を，49 ページを参照し書き込んでください。またその計画について話してみましょう。

Termine	Notizen
Montag	

Termine	Notizen
Donnerstag	

Termine	Notizen
Dienstag	

Termine	Notizen
Freitag	

Termine	Notizen
Mittwoch	

Termine	Notizen
Samstag	
Sonntag	

Am Montagvormittag lerne ich Deutsch.

Am Dienstagabend muss ich jobben.

Am Mittwoch ....

Disc1-35

Übung 3 Hören Sie. Was machen Julia und Alain am Wochenende? ユーリアとアランはそれぞれ週末に何をする予定でしょうか？　会話を聴いて，下線部に聴き取った単語を書いてください。

Du Julia, was hast du am Wochenende vor?

Ich ....

Und du, Alain?

Ich ....

Disc1-36

Teil 2 Im Schwimmbad. 聖子とユーリアはプールに来ています。

Seiko   Julia

Wie findest du den Badeanzug?

Ich finde ihn schön!
Und wie findest du den Bikini?

Hmm ... er ist nicht so schön.

Du bist gemein!

Wie findest du ...? ～をどう思う？   ihn それを（erの４格）
nicht so ... あまり～でない   gemein いじわるな

Übung 4 Schreiben Sie die Dialoge weiter. 会話を完成させてください。形容詞は枠内から適当だと思うものを選んでください。

Wie findest du den <u>Badeanzug</u>?	<u>Er</u> ist schön.
Wie findest du die <u>Tasche</u>?	<u>Sie</u> ist schön.
Wie findest du das <u>T-Shirt</u>?	<u>Es</u> ist schön.

1) Seiko und Julia sind im Kino.

   Seiko: Wie findest du den Film?

   Julia: Er ist _____.

2) Oliver und Seiko sind im Konzert.

   Oliver: Wie findest du die Musik?

   Seiko: _____.

3) Julia möchte ein Smartphone kaufen.

   Seiko: Wie findest du das Smartphone?

   Julia: _____.

interessant 面白い
langweilig つまらない
originell 独創的な
toll すごい
schrecklich ひどい
schön 美しい, 素敵な
hässlich 醜い
praktisch 便利な
unpraktisch 不便な
billig 安い
teuer 高い

4) Alain möchte einen Laptop kaufen.

   Seiko: Wie findest du den Laptop?

   Alain: _____.

Übung 5 Sprechen Sie in der Klasse über Ihre Sachen. クラスメートと自分の持ち物や着て
いるものについて互いに意見を言ってみましょう。答えるときは Übung 4 の形容詞を使っ
てください。

Wie findest du <u>den Rock</u>?	Ich finde <u>ihn</u> toll.
Wie findest du <u>die Tasche</u>?	Ich finde <u>sie</u> praktisch.
Wie findest du <u>das T-Shirt</u>?	Ich finde <u>es</u> schrecklich.

Wie findest du ....?

Ich finde ｜ ihn ｜
　　　　　 sie ｜ ....
　　　　　 es ｜

r Rock スカート	*e* Hose ズボン
s Hemd シャツ	*r* Pullover セーター
e Jacke ジャケット	*s* T-Shirt Tシャツ

e Uhr 時計	*r* Kugelschreiber ボールペン
s Portemonnaie 財布	*s* Tablet タブレット端末
e Tasche かばん	*s* Smartphone スマートフォン

Übung 6 Ergänzen Sie die Pronomen. ユーリアと聖子は買い物に来ています。適切な人称代
名詞を下線部に入れてください。

Julia

Schau mal,
der Rock da ist toll!
Wie findest du ....?

	～は（1格）		～を（4格）	
der Badeanzug	⇒ **er**	den Badeanzug	⇒ **ihn**
die Tasche	⇒ **sie**	die Tasche	⇒ **sie**
das T-Shirt	⇒ **es**	das T-Shirt	⇒ **es**

Seiko

.... ist super! Oh, die Jacke hier! .... ist auch schön.
Wie findest du ....?

Ich finde .... auch schön.

Und schau mal, das Hemd dort ist
hässlich. Ich finde .... schrecklich!

Ja? Ich finde .... originell.

Disc1-37
037

Übung 7 Hören Sie. 会話を聴いて，下線部を埋めてください。

1) Julia hat eine neue ....
   Alain findet sie ....

2) Oliver hat einen .... an.
   Julia findet ihn ....
   Alain findet ihn ....

neu 新しい　an|haben 着ている　alt 古い

Stundenplan einer Oberstufenschülerin 高校生の時間割

Das ist Hanna. Sie ist Olivers Cousine und wohnt in Berlin. Lesen Sie ihren Stundenplan und antworten Sie.

e Cousine 従姉妹

	Montag	**Dienstag**	**Mittwoch**
8.00		Geschichte	Physik
8.45	KUNST	Geschichte	Physik
9.30	Pause	Pause	Pause
9.40	Geschichte	Physik	Mathematik
10.45	Philosophie	Erdkunde	Politikwissenschaft
11.30	Philosophie	Erdkunde	Politikwissenschaft
12.15	Mittagspause	Mittagspause	Mittagspause
12.40	Sport	DEUTSCH	KUNST
13.30	Sport	DEUTSCH	KUNST

*小文字の科目は週に3時間の授業を受ける基礎コース科目、大文字の科目は週5時間の重点コース科目

○ Was hat Hanna am Montag?　　● Am Montag hat sie ....
○ Was hat sie am Dienstag?　　● Am Dienstag hat sie ....
○ Und was hat sie am Mittwoch?　　● Am Mittwoch ....

ドイツの学校制度はそれぞれの州によって異なります。一般的にはすべての子どもが4年間 Grundschule（基礎学校）に通います（ベルリンとブランデンブルク州は6年間）。Grundschule を卒業すると，それぞれの才能や成績に応じて，Hauptschule（基幹学校），Realschule（実科学校），Gymnasium（ギムナジウム）もしくは Gesamtschule（総合学校：基幹学校・実科学校・ギムナジウムを統合した学校）を選んで進学します。基礎学校を含めた9年または10年間が義務教育で，義務教育を終えると Schulabschluss（卒業資格）を取り，職業教育を受けることができます。ハンナのように大学へ進学したい場合には，Gymnasium または Gesamtschule の Oberstufe（上級段階）に行く必要があります。Oberstufe は州によって異なりますが，2年間または3年間のコースです。この上級コースでは，週に3時間の授業を受ける Grundkurs（基礎コース）の科目と，週に5時間の授業を受ける Leistungskurs（重点コース）の科目から2科目または3科目を選択します。Oberstufe の最後には Abitur(高校卒業資格)の試験を受けます。Abitur を取得したあとは，大学に進学する人もいれば，職業教育を受ける人もいます。

番外編

① ドイツと日本の初等・中等教育にはどんな違いがありますか？　グループで話し合いましょう。
② それぞれの学校について，書籍やインターネットで情報を集め，クラスで情報交換をしましょう。

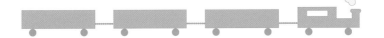

1. Ergänzen Sie die Buchstaben. 空所に文字を入れて曜日を完成させてください。

月曜日：M_ _ _ _g   火曜日：D_ _ _ _ _ _g   水曜日：M_ _ _ _ _ _h

木曜日：D_ _ _ _ _ _ _g   金曜日：F_ _ _ _ _g

土曜日：S_ _ _ _ _g   日曜日：S_ _ _ _ _g

2. Ergänzen Sie die Verben und verbinden Sie sie mit den japanischen Ausdrücken.
   下線部に適切な語を補い，日本語と結びつけてください。

1) 家にいる · · ins Café ....
2) 今晩テレビを見る · · zu Hause ....
3) ショッピングに行く · · shoppen ....
4) カフェに一緒に来る · · Freunde ....
5) レストランでアルバイトをする · · mein Zimmer ....
6) 友人に会う · · heute Abend ....
7) 自分の部屋を片づける · · im Restaurant ....

3. カッコ内の動詞を適切な形にして下線部に入れてください。

　○ Du Julia, was .... du am Samstag ....? (vorhaben)

　● Ich .... (shoppen gehen)

　　........................ du ....? (mitkommen)

　○ Ja, gern!

4. 下線部に適切な人称代名詞を入れてください。

1) ○ Wie findest du das Buch?   ● Ich finde .... langweilig.
2) ○ Wie findest du die Tasche?   ● .... ist schön.
3) ○ Wie findest du den Film?   ● Ich finde .... sehr originell.
4) ○ Schau mal, das Smartphone! Wie findest du ....?
   　　　　　　　　　　　　　　　● .... ist nicht teuer.
5) ○ Schau mal, die Uhr! Wie findest du ....?
   　　　　　　　　　　　　　　　● Ich finde .... unpraktisch.
6) ○ Schau mal, der Kugelschreiber! Wie findest du ....?
   　　　　　　　　　　　　　　　● .... ist toll!

Ich kann das!	☺	😐	☹
自分の1週間の予定について話すことができる			
身近なものについて尋ねたり，意見を述べることができる			

BAUSTEINE

1. 分離動詞

mitkommen, vorhaben, aufräumen, fernsehen などは分離動詞と呼ばれる。分離動詞は，分離前綴りと基礎動詞部分から成る。辞書などでは mit|kommen のように，前綴りと基礎動詞部分との間に縦線が入っていることもある。不定詞では分離前綴りにアクセントが置かれる。

mit kommen　　一緒に来る

↓　　　　↓

分離前綴り　基礎動詞部分

> Am Sonntag gehe ich mit Seiko spazieren.
> Ich finde sie schön.

分離動詞を用いる場合には次の点に注意する。

① 基礎動詞部分は人称変化する

② 分離前綴りは文末へ置かれ，枠構造を作る

Ich **komme** mit.	Ich **sehe** heute Abend fern.
Kommst du mit?	**Siehst** du heute Abend fern?
Du kannst mit**kommen**.	Du darfst heute Abend nicht fern**sehen**.

2. 人称代名詞の格変化

人称代名詞は人を指すだけでなく，事物を指す場合にも使われる。また，文の中での機能に応じて形を変える。これを格変化と呼ぶ。

> Wie findet ihr **den Badeanzug**?　　**Er** ist schön.
> Ich finde **ihn** hässlich.

		1格（〜は／が）	3格（〜に）	4格（〜を）
単数 (Singular)				
1人称		ich	mir	mich
2人称	親称	du	dir	dich
	敬称	Sie	Ihnen	Sie
3人称	男性	**er**	ihm	**ihn**
	女性	**sie**	ihr	**sie**
	中性	**es**	ihm	**es**
複数 (Plural)				
1人称		wir	uns	uns
2人称	親称	ihr	euch	euch
	敬称	Sie	Ihnen	Sie
3人称		sie	ihnen	sie

Wo treffen wir uns?

どこで待ち合わせましょうか？

im Café

am Brunnen

am Kiosk

vor dem Café

an der Bushaltestelle

vor dem Supermarkt

vor der Apotheke

vor dem Fischrestaurant

vor dem Kino

am Hauptbahnhof

in der Mensa

Teil 1 Alain fragt Seiko per Chat. ドイツ語学校のクラスメート，アランが聖子にチャットで尋ね ています。

Alain　　　　　　　　　　Seiko

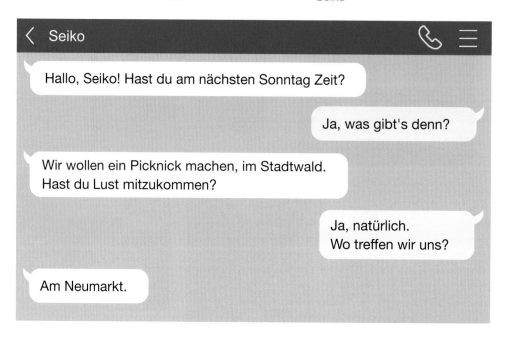

> Seiko

Hallo, Seiko! Hast du am nächsten Sonntag Zeit?

Ja, was gibt's denn?

Wir wollen ein Picknick machen, im Stadtwald. Hast du Lust mitzukommen?

Ja, natürlich.
Wo treffen wir uns?

Am Neumarkt.

nächst 次の　　*r* Sonntag 日曜日　　*e* Zeit 時間　　Was gibt's (gibt es)? 何があるのですか？
s Picknick ピクニック　　*r* Stadtwald（ケルン郊外にある）森林公園　　*e* Lust（～する）気
Wo treffen wir uns? どこで会うのですか？　　*r* Neumarkt ノイマルクト（ケルンの中心街にある広場の名前）

Übung 1 Fragen Sie in der Klasse. 「～する気はありますか？」とクラスメートに聞いてみましょう。また尋ねられた人は例にならって Ja か Nein で答えましょう。

schwimmen gehen

Hast du Lust, schwimmen zu gehen?　　　　Ja, gern!

Nein, ich habe keine Lust.

1) einen Ausflug machen
2) ein Picknick machen
3) spazieren gehen　散歩する
4) ins Konzert gehen
5) in den Klub gehen
6) eine Radtour machen　自転車でツーリングをする

Übung 2 Wo ist Robert? それぞれの絵に合う前置詞を見つけて（　　）に入れてください。例にならってローベルトがどこにいるか言ってみましょう。

Wo ist Robert?　　Er ist .... Häuschen.

Er ist .... Sofa.

> an ...
> auf ...　unter ...
> vor ...　hinter ...
> in ...

1)　　　　　　2)　　　　　　3)

（　　　　　）（　　　　　）（　　　　　）

	dem	Supermarkt
vor	der	Buchhandlung
	dem	Häuschen

im (= in dem)　Häuschen
am (= an dem)　Häuschen

4)　　　　　　5)　　　　　　6)

（　　　　　）（　　　　　）（　　　　　）

Übung 3 Wo treffen wir uns? 待ち合わせはどこにしましょう？　下の語を使って，友達と待ち合わせ場所の相談をしてください（57 ページも参考にしてください）。

Wo treffen wir uns?　　　Am Neumarkt.

Und wo am Neumarkt?　　　Vor .... Buchhandlung.

> s Blumengeschäft 花屋　r Handyshop 携帯電話ショップ
> e Straßenbahnhaltestelle 路面電車の停留場
> e Buchhandlung　　s Fischrestaurant　　r Kiosk
> e Bäckerei　　　　e Bank　　　　　　s Café

Disc1-39

039 Übung 4 Hören Sie. オリヴァーが聖子に何か聞いています。ふたりの会話を聴き取って質問に答えましょう。

1) Was machen Seiko und Oliver heute Abend?

2) Olivers Vater kommt nicht. Warum nicht?

3) Wo trifft Oliver Seiko?

Was erfahren Sie noch?　他に何が聴き取れましたか？

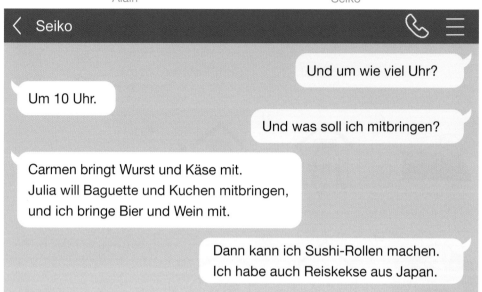

Disc1-40
040

Teil 2 Alain und Seiko chatten weiter. ふたりのチャットは続いています。

Alain   Seiko

> **Seiko**

Und um wie viel Uhr?

Um 10 Uhr.

Und was soll ich mitbringen?

Carmen bringt Wurst und Käse mit.
Julia will Baguette und Kuchen mitbringen,
und ich bringe Bier und Wein mit.

Dann kann ich Sushi-Rollen machen.
Ich habe auch Reiskekse aus Japan.

Um wie viel Uhr? 何時に？　um ... Uhr ～時に
soll（< sollen）～すべきである　mit│bringen 持ってくる
e Wurst ソーセージ　*r* Käse チーズ　*s* Baguette バゲット（フランスパン）
r Kuchen ケーキ　dann それなら　*pl* Sushi-Rollen 巻き寿司（*e* Sushi-Rolleの複数形）
Reiskekse *pl* (< r Reiskeks) ライスクラッカー, せんべい

Übung 5 Machen Sie Dialoge. ピクニックに何を持っていくか，下の絵を見ながら話し合ってください。

Was bringst du mit?   Ich bringe .... mit.

Äpfel　Bananen　Birnen　Orangen　Wurstbrote　Kekse　Bonbons　Eier

  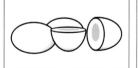 

番外編　**Ergänzen Sie.** 単数形・複数形のペアを完成させましょう。

r Keks　　/ Kekse　　　*e* Banane / ....　　　*s* .... / Wurstbrote
r .... / Salate　　　*e* Birne　/ ....　　　*s* Ei　　　/ ....
r .... / Säfte　　　*e* Orange / ....　　　*r/s* Bonbon / ....
r Apfel　/ ....

Übung 6 Was macht Alain am Wochenende? アランの週末

① Was macht Alain? 下のメモを見て，アランの週末の予定を話してください。

不規則動詞の人称変化は24ページまたは100ページを参照

<u>Samstag</u>
　Nachmittag: Bier und Wein kaufen!
<u>Sonntag</u>
　Picknick im Stadtwald!
　10.00 am Neumarkt Seiko treffen
　10.30 losfahren
　11.15(?) im Stadtwald ankommen
　12.00 alle zusammen zu Mittag essen,
　　　spazieren gehen, Fußball spielen
　　　etc.

Am Samstagnachmittag kaufe ich
.... und ....
Am Sonntag treffen wir uns um
.... Uhr am Neumarkt.
Um 10 Uhr 30 .... wir los.
Dann .... wir etwa um 11 Uhr
15 ....
Um 12 Uhr .... wir zu Mittag.
Nach dem Mittagessen ....
....

los|fahren 出発する　　dann それから　　an|kommen 到着する　　etwa およそ
zu Mittag essen 昼食を食べる　　nach et³ ～の後で　　spazieren gehen 散歩する

② Alain erzählt. アランになったつもりで，週末の予定を話してください。

Am Samstagnachmittag kaufe ich ....
Am Sonntag treffen wir uns um .... Uhr am ....

Disc1-41
041
Übung 7 Hören Sie. Wer bringt was mit? ピクニックには，他のクラスメートや先生も参加することになりました。誰が何を持ってくることになったのでしょうか？ 会話を聴いて，人物と持ってくる物とを結びつけてください。

Herr Grund　　　　Monika　　　　　Jan　　　　　　Sven

  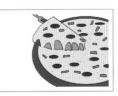 

r Fußball　　　　s Geschirr　　　　e Pizza　　　Kaffee und Tee

SPIEL

1.   Machen Sie Wörter. コトバ作りゲームです。組み合わせをたくさん見つけたペアやグループが勝ち！

Tomaten	Käse	Orangen	Wurst
Salat	Apfel	Brot	Obst
Kuchen	Saft	Kartoffel じゃがいも	
Schinken ハム			

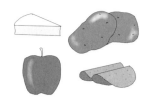

Tomaten + Salat = Tomatensalat

Tomaten + ? = ?

2.   Packen Sie einen Picknickkorb für sechs Personen. Was packen Sie in den Picknickkorb? 6人でピクニックに行きます。何をいくつ持って行きますか？ 書いてみましょう。

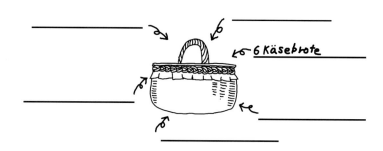

6 Käsebrote

3.   Silbenrätsel. どんな単語ができますか？ 組み合わせを見つけてください。

rant – bus – hof – men – fisch – apo – buch – res – haupt – schäft – bahn – hal – blu – the – ge – tau – hand – stel – le – ke – lung – te

Bushaltestelle

1. Schreiben Sie die Sätze um.　例にならって，文を書き換えてください。

Ich möchte lesen. → *Ich habe Lust zu lesen.*

1) Ich möchte Musik hören. → *Ich habe Lust* ....

2) Ich möchte nicht fernsehen. → *Ich habe keine Lust* ....

3) Ich möchte ein Eis essen. → ....

4) Ich möchte spazieren gehen. → ....

5) Ich möchte nicht schwimmen gehen. → ....

2. Wo treffen wir uns? Benutzen Sie <u>in</u>, <u>an</u> oder <u>vor</u>.　どこで待ち合わせをしますか？　in, an, vor を使って答えてください。

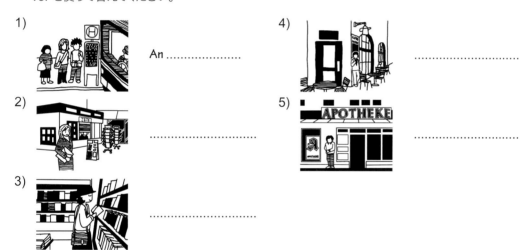

1) An ....

2) ....

3) ....

4) ....

5) ....

3. Wie viele sind das?　いくつありますか？

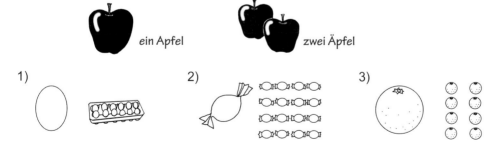

ein Apfel　　*zwei Äpfel*

1)　　　　　　　　2)　　　　　　　　3)

Ich kann das!	☺	😐	☹
Lust haben を使って，「〜する気がある」と言うことができる			
いろいろな前置詞を使って，場所（〜で）を表現できる			
一日の予定について話すことができる			

1. zu 不定詞（句）の付加語的用法

zu 不定詞（句）は，不定詞の前に zu を置いて作る。分離動詞の場合は，分離前綴りと基礎動詞の間に zu を置く。英語の to 不定詞（句）に相当し，名司を修飾する働きがある。

不定詞（句）		zu 不定詞（句）	
ins Kino gehen	→	ins Kino **zu** gehen	Hast du Lust, ins Kino **zu** gehen?
mitkommen	→	mit**zu**kommen	Hast du Lust mit**zu**kommen?
schwimmen gehen	→	schwimmen **zu** gehen	Hast du Lust, schwimmen **zu** gehen?

Lust と並んで Zeit もこの形式でよく用いられる。

Hast du Zeit, ins Kino zu gehen?　　Ja, klar! / Nein, ich habe leider keine Zeit.

2. 前置詞

Ich schlafe gern auf dem Sofa.

前置詞の格支配

名詞の3・4格と結びつく前置詞は，3格支配で「場所」を表す。

Wo treffen wir uns?	**Am** Kiosk.
	Vor der Buchhandlung.
	Im Café.

Wo ist Robert?

vor dem Häuschen	am Häuschen	hinter dem Häuschen	unter dem Sofa

冠詞の3格の形に関しては 32 ページを参照。

4格支配では「方向」を表す（40 ページ参照）。

Wohin gehen Sie?　Ich gehe in <u>den</u> Supermarkt / auf <u>die</u> Post / <u>ins</u> Kino.

Wo sind Sie jetzt?　Ich bin <u>im</u> Supermarkt / auf <u>der</u> Post / <u>im</u> Kino.

3. 名詞の複数形

名詞の複数形は，単数の形に一定の語尾をつけて作る。性の区別はなく，定冠詞は die となる。主なタイプをあげる。

e 型	Salat	− Salat**e**	Tisch	− Tisch**e**	Stuhl	− St**ü**hl**e**
(e)n 型	Lampe	− Lampe**n**	Uhr	− Uhr**en**	Banane	− Banane**n**
er 型	Ei	− Ei**er**	Kind	− Kind**er**	Buch	− B**ü**ch**er**
s 型	Sofa	− Sofa**s**	Laptop	− Laptop**s**	Auto	− Auto**s**
無語尾	Kuchen	− Kuchen	Apfel	− **Ä**pfel	Bruder	− Br**ü**der

Nach der Abschiedsparty

お別れパーティーの後で

⑦

①

Was passt zusammen?

Sie ha**t** chinesisch gegessen.
Sie ist se**h**r müde.
Sie hat **D**eutsch gelernt.
Sie ist in den Klub gegangen.
Sie hat M**u**sik gehört.
Sie hat **C**ola getrunken.
Sie hat mit der Oma t**e**lefoniert.

②

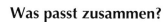

⑤

③

④

文中の文字を絵の番号にそって並べてみましょう。どんな言葉ができますか？

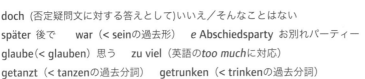

Teil 1 Es ist 11 Uhr. Seiko steht endlich auf. Seiko hatte gestern in der Schule eine Party.
いつも早起きの聖子が，今日は 11 時まで寝ていました。昨日は学校でパーティーがあったようです。

Oliver　　　　　　　　　　　Seiko

Seiko, gehst du heute nicht in die Schule?

Doch, aber später.

Wie war die Abschiedsparty gestern?

Sehr schön. Aber ich glaube, ich habe zu viel getanzt und getrunken.

Ach ja? Hast du etwa einen Kater?
Was hast du denn getrunken?
Bier und Wein und Schnaps und
Reiswein und ...

Nein, so viel nicht. Aber ich bin einfach müde.

Moment, ich mache dir einen Kaffee.

doch（否定疑問文に対する答えとして）いいえ／そんなことはない
später 後で　　war（< seinの過去形）　e Abschiedsparty お別れパーティー
glaube（< glauben）思う　zu viel（英語のtoo muchに対応）
getanzt（< tanzenの過去分詞）　getrunken（< trinkenの過去分詞）
etwa（疑問文で用いて）ひょっとして
einen Kater haben 二日酔いをしている
r Schnaps シュナップス（蒸留酒の一種）
einfach 単に　Moment! ちょっと待って！　dir 君に

> 現在完了形：**haben** ＋ 過去分詞
> Ich **habe** gestern zu viel **getrunken**.
> Was **hast** du denn **getrunken**?

Übung 1　Was ist richtig? Was ist falsch? Verbessern Sie die falschen Sätze.

① Dialog の内容に合っている文には r (richtig)，合っていないものには f (falsch) をつけてください。
② f をつけた文を，正しく書き直してください。

	richtig	falsch
1) Seiko geht heute nicht in die Schule.	☐	☐
2) Seiko war gestern auf einer Party.	☐	☐
3) Die Party war nicht so schön.	☐	☐
4) Seiko hat gestern Abend nicht getrunken.	☐	☐
5) Seiko hat einen Kater.	☐	☐

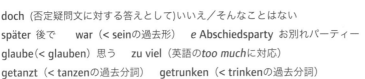

Übung 2 Finden Sie die Infinitive. Schreiben Sie die Bedeutung.　次の過去分詞を不定詞に変えましょう。またその意味も書き入れましょう。

過去分詞	不定詞	意味
ge**spielt**		
ge**lernt**		
ge**arbeitet**		
ge**tanzt**		
ge**hört**		
telefoniert		
auf**geräumt**		

過去分詞	不定詞	意味
ge**trunken**		
ge**schrieben**		
ge**lesen**		
ge**gessen**		
ge**sehen**		
fern**gesehen**		

Disc1-43
043

Übung 3 Hören Sie. Was hat Oliver gestern Abend gemacht?　オリヴァーは昨晩何をしましたか？　聴き取って当てはまるものすべてに印をつけてください。

Und du Oliver, was hast du gestern Abend gemacht?

☐ Ich habe ferngesehen.
☐ Ich habe japanisch gegessen.
☐ Ich habe viel Bier getrunken.
☐ Ich habe mit meiner Freundin telefoniert.
☐ Ich habe gelesen.
☐ Ich habe Musik gehört.
☐ Ich habe Fußball gespielt.

Übung 4 Machen Sie Interviews in der Klasse.　クラスメートに「〜したことある？」とインタビューしてみましょう。

Hast du schon mal Schnecken gegessen?
Hast du schon mal Champagner getrunken?
Hast du schon mal selber ein Lied gemacht?
Hast du schon mal Theater gespielt?
Hast du schon mal einen Preis bekommen?
Hast du schon mal auf der Straße getanzt?
Hast du schon mal ein Tik-Tok-Video gemacht?
Hast du schon mal ein Bungee-Jumping gemacht?
Hast du schon mal ein UFO gesehen?

Schnecken *pl* (< *e* Schnecke) カタツムリ／エスカルゴ　　*r* Champagner シャンパン　　*s* Lied 歌
r Preis 賞

Teil 2 Seiko erzählt. 聖子が昨晩のことを話します。

Oliver Seiko

> Wann bist du denn gestern zurückgekommen?

Sehr spät. Nach der Party sind wir in die Stadt
gegangen. Wir haben noch chinesisch gegessen
und dann sind wir in den Jazzklub gegangen.
Die Musiker haben toll gespielt.
Danach sind wir in den Klub gegangen.
Da habe ich zu lange getanzt.

wann いつ　　zurückgekommen（< zurück|kommen（戻ってくる）の過去分詞）
spät 遅い　　in die Stadt 街へ
gegangen（< gehen（行く）の過去分詞）　　noch さらに
chinesisch essen 中華料理を食べる　　gegessen（< essenの過去分詞）
r Jazzklub ジャズクラブ　　Musiker pl (< r Musiker) ミュージシャン
danach その後　　da そこで

場所の移動や状態の変化を表す自動詞の現在完了形：sein + 過去分詞
Wir sind in den Jazzklub gegangen.
Wann bist du zurückgekommen?

Übung 5 Wohin ist Seiko gegangen?　それぞれの絵について，「聖子は〜へ行った」とドイツ
語で言ってみましょう。

Seiko .... *in den Klub* ....

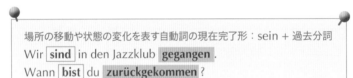

1)
2)
3)
4)

Übung 6 Was hat Seiko am Mittwoch / Donnerstag ... gemacht? 水曜日から日曜日まで聖
子はどんなことをして過ごしましたか？ 「聖子は何曜日には何をしたの？」とクラスメー
トに聞いてみましょう。

Mittwoch	Donnerstag	Freitag	Samstag	Sonntag
im Fernsehen ein Fußballspiel sehen	ins Fitnessstudio gehen	mit Julia italienisch essen gehen	Kopfhörer kaufen, aufräumen	mit Frau Berger spazieren gehen

s Fitnessstudio フィットネススタジオ　　*r* Kopfhörer ヘッドホン

Was hat Seiko am Mittwoch gemacht?

Am Mittwoch hat sie ....

Und was hat sie am Donnerstag gemacht?

Am Donnerstag ist sie ....

Disc1-45
045 **Übung 7** Hören Sie. Was hat Frau Berger gestern gemacht? ベルガー夫人は昨日どのよう
なことをしたと言っていますか？ 聴き取って文を完成させてください。

Gestern bin ich mit meinem ....
.... Wir haben den neuen
.... von ....
Danach .... ins Chinarestaurant ....
Da .... zu Abend ....
Nach dem Essen .... in der Altstadt
spazieren ....

e Altstadt 旧市街地

Übung 8 Was haben Sie am Wochenende gemacht? Erzählen Sie. あなたが週末をどの
ように過ごしたか，下の語句の現在完了形を使ってドイツ語で話してみましょう。

aus|schlafen 十分に寝る	fern|sehen テレビを見る	einen Film sehen 映画を見る
lesen 読書をする	Musik hören 音楽を聴く	jobben アルバイトをする
Freunde treffen 友達に会う	shoppen gehen ショッピングに行く	
eine Präsentation vor|bereiten 発表の準備をする		Hausaufgaben machen 宿題をする

Am Samstag habe ich ausgeschlafen.

Am Nachmittag bin ich ins Kino gegangen und habe einen Film gesehen.

Am Abend habe ich Musik gehört.

Am Sonntag ...

Erinnerungen

Was hat Seiko im letzten Jahr gemacht? 聖子はこの1年どんなことをしましたか? それぞれの絵について現在完了形を使って話してみましょう。

> einen Badeanzug kaufen　　chinesisch essen　　Deutsch lernen　　in den Klub gehen
>
> in den Jazzklub gehen　　ins Kino gehen　　mit Julia schwimmen gehen
>
> ein Picknick machen　　mit Robert spazieren gehen　　Sushi-Rollen machen

あなたはこの1年どんなことをしましたか? 作文してみましょう。またクラスで発表してみましょう。

> eine Reise nach ... machen　〜へ旅行する　　den Führerschein machen　車の免許を取る
>
> bei ... jobben　〜でアルバイトをする　　in den Karate-Klub ein|treten*　空手クラブに入る
>
> ein Fahrrad kaufen　　kochen lernen　　in ein Livekonzert gehen

*eintreten＞eingetreten　現在完了形はseinを用いる

....

....

....

....

....

1. Ordnen Sie. 与えられた動詞を分類してください。

> arbeiten　auf|räumen　aus|schlafen　bleiben　essen　fahren
> fern|sehen　gehen　hören　jobben　kommen　lernen
> lesen　mit|kommen　schreiben　sehen　spielen　tanzen
> telefonieren　trinken　ein|treten

haben を用いて現在完了形を作る	sein を用いて現在完了形を作る

2. Ergänzen Sie. 表を完成させてください。

不定詞	過去分詞	意味	不定詞	過去分詞	意味
aus|schlafen			kommen		
jobben			bleiben		
machen			fahren		

3. Ergänzen Sie. 下線部に haben または sein を適当な形にして入れ，文を完成させてください。
   また文の意味も考えてみましょう。

1) ○ Was .... du gestern Abend gegessen? ● Ich .... Sushi gegessen.
2) ○ Seiko und Oliver .... am Wochenende einen Ausflug nach Düsseldorf
   gemacht.
3) ○ Wohin .... Sie am Wochenende gefahren? ● Nach Miyajima.
4) ○ Seid ihr müde? ● Ja, wir .... gestern zu viel getanzt.
5) ○ .... du schon einmal nach Okinawa gefahren? ● Nein, noch nicht.
6) ○ Frau Berger .... am Samstag sehr viel eingekauft.
   ● Ja, sie macht nächste Woche eine Party.
7) ○ Was .... ihr am Wochenende gemacht?
   ● Wir .... am Sonntag zu Hause geblieben.

Ich kann das!	☺	☺	☹
文の中で現在完了形が使われていることがわかる			
現在完了形を使って，過去の出来事について話すことができる			

BAUSTEINE

１．現在完了形

ドイツ語の口語では，過去の出来事を語るときには主として現在完了形が使われる。現在完了形は haben または sein と過去分詞を用いて作る。

現在完了形を用いる場合には次の点に注意する。

① haben または sein は，主語の人称に合わせて変化する

②過去分詞は文末に置かれて枠構造を作る

> Hast du gestern viel **getrunken**?　　— Ja, ich habe gestern viel **getrunken**.
>
> Bist du gestern ins Kino **gegangen**?　　— Ja, ich bin gestern ins Kino **gegangen**.

以下のような動詞は sein を用いて現在完了形を作る。

a) 場所の移動を表す自動詞：gehen, kommen, fahren など

b) 状態の変化を表す自動詞：werden（～になる）, sterben（死ぬ）など

c) sein および bleiben などいくつかの例外的な動詞

２．過去分詞の作り方

1) 規則的な変化をする動詞の過去分詞

語幹の前に **ge-** をつけ，語幹の後ろに **-t** をつける

mach en　→　**ge**mach**t**

2) 不規則な変化をする動詞の過去分詞

不規則な変化をする動詞の過去分詞は，教科書や辞書の巻末などにある動詞の変化表を参照すること。

不定詞	過去分詞	不定詞	過去分詞	不定詞	過去分詞
kommen	**ge**kommen	bleiben	**ge**bl**ie**ben	essen	**geg**essen
fahren	**ge**fahren	schreiben	**ge**schr**ie**ben	gehen	**gegangen**
lesen	**ge**lesen	schwimmen	**ge**schw**o**mmen	aufstehen	auf**gestanden**
schlafen	**ge**schlafen	trinken	**ge**tr**u**nken	mitbringen	mit**gebracht**

3) -ieren で終わる外来語の動詞の過去分詞は，語幹に -t をつける。　　ge-はつかないので注意！

studier en　→　studier**t**　　telefonier en　→　telefonier**t**

4) 前綴りを持つ動詞の過去分詞

a) 分離動詞の過去分詞は，基礎動詞の過去分詞の前に前綴りをつける。

mit kommen　→　mit**ge**kommen

b) be-, emp-, ent-, er-, ge-, ver-, zer-で始まる動詞（非分離動詞）の過去分詞にはge-はつけない。

besuchen　→　besuch**t**　　　　vergessen　→　vergessen

３．過去形

過去の出来事を語る場合には現在完了形を用いることを学習しましたが，次の語については過去形を用いるのが一般的です。

① sein と haben：「～にいた」「～を持っていた」などと言いたいとき

② 話法の助動詞：「～できた」「～しなければならなかった」などと言いたいとき

	sein	**haben**	**können**	**müssen**	**wollen**	**dürfen**	**sollen**
ich	war	hatte	konnte	musste	wollte	durfte	sollte
du	war*st*	hatte*st*	konnte*st*	musste*st*	wollte*st*	durfte*st*	sollte*st*
Sie（単）/ Sie（複）	war*en*	hatte*n*	konnte*n*	musste*n*	wollte*n*	durfte*n*	sollte*n*
er/sie/es	war	hatte	konnte	musste	wollte	durfte	sollte
wir	war*en*	hatte*n*	konnte*n*	musste*n*	wollte*n*	durfte*n*	sollte*n*
ihr	war*t*	hatte*t*	konnte*t*	musste*t*	wollte*t*	durfte*t*	sollte*t*
sie	war*en*	hatte*n*	konnte*n*	musste*n*	wollte*n*	durfte*n*	sollte*n*

Disc1-46
046

Seiko war in Berlin. 聖子はベルリンへ行きました。

Oliver　　　　　　　　　　　　　Seiko

Na, wie war die Reise nach Berlin?

Die war toll! Ich finde die Stadt Berlin sehr interessant.

Was hast du denn gemacht?

Ich habe sehr viel gesehen: Das Brandenburger Tor, den Alexanderplatz und die Museumsinsel.

Warst du auch im Pergamonmuseum?

Aber natürlich! Das war super!
Ich bin auch ins Bodemuseum gegangen.

Und warst du auch im Alten Museum?

Dafür hatte ich leider keine Zeit. Ich war ja nur drei Tage da.
Ich wollte auch noch ins Theater gehen. Ich bin ins Berliner Ensemble gegangen und habe das „Leben des Galilei" gesehen.
Aber ich konnte fast nichts verstehen.

na （相手に話しかけて）ねえ／ところで　　*s* Brandenburger Tor ブランデンブルク門
r Alexanderplatz アレクサンダー広場　　*e* Museumsinsel 博物館島　　*s* Pergamonmuseum ペルガモン博物館
s Bodemuseum ボーデ博物館　　*s* Alte Museum 旧博物館
s Berliner Ensemble ベルリーナー・アンサンブル（ドイツの劇作家ブレヒトが創設した劇団およびその劇場）
„Leben des Galilei" 『ガリレイの生涯』（ブレヒト作）

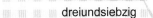

Ausspracheübungen

Lektion 1

Disc2-1

047

1. ① 音声を聴いて，疑問詞を書きましょう。

② 音声の後に続けて発音しましょう。

> ドイツ語のW/wは[v]と発音されます。「ウ」や「ワ」にならないように注意しましょう！

1) どのような ： ....

2) どこから ： ....

3) どこで ： ....

4) 何を ： ....

Disc2-2

048

2. ① 音声の後に続けて発音しましょう。

② 下線部の発音にしたがって，1) ～ 12) の語をグループ分けしてみましょう。

1) hei<u>ß</u>en　　2) <u>S</u>ie　　3) <u>s</u>tudieren　　4) <u>St</u>udentin　　5) <u>sp</u>ielen

6) <u>S</u>oziologie　　7) wa<u>s</u>　　8) <u>s</u>o　　9) Apfel<u>s</u>aft　　10) Mineralwa<u>ss</u>er

11) Rei<u>s</u>wein　　12) Wei<u>ß</u>wein

[s] 清音	[z] 濁音	[ʃ]

Disc2-3

049

3. ① 音声の後に続けて発音し，二重母音の ei と ie の発音を確認しましょう。

h<u>ei</u>ßen　　sp<u>ie</u>len　　bl<u>ei</u>ben　　stud<u>ie</u>ren

Disc2-4
050

② 音声を聴き，下線部に ei または ie を書き入れましょう。

1) arb___ten　　2) G___ge　　3) B___r

4) R___sw___n　　5) Schausp___ler　　6) Soziolog___

③ 音声の後に続けて 1) ～ 6) を発音しましょう。

Disc2-5

051

4. ① 音声を聴いて，例にならって文末の調子を書きましょう。

例：上がり調子 → Bitte schön? (↗)　　下がり調子 → Ja, bitte. (↘)

1) Wie heißen Sie? (　) 　— Ich heiße Seiko Ogawa. (　)

2) Haben Sie Apfelsaft? (　) 　— Ja, bitte schön. (　)

3) Sind Sie Studentin? (　) 　— Nein, ich bin Angestellte. (　)

4) Wo wohnen Sie? (　) 　— Ich wohne in Kobe. (　)

② もう一度音声を聴いて答え合わせをしましょう。

③ 音声の後に続けて発音しましょう。

Lektion 2

Disc2-6
052

> R/rはうがいをするときのように のど
> ひこをふるわせるか, 巻き舌で発音する

1. ① 下の 1)～3) にある語の中の r を〇で囲みましょう。

② 音声の後に続けて発音してみましょう。R/r の発音に注意しましょう。

③ 1)～3) で r はどのように発音されていますか？　グループで話し合いましょう。

1) dreißig / Rentnerin / Rad / Freund / Krankenhaus / Beruf / Schülerin / Restaurant

2) Hunger / Angestellter / Schwester / Beamter / Rentner

3) woher / er / gern / sehr / wahr

Disc2-7
053

2. ① 音声の後に続けて発音し，変母音のö とü の発音を確認しましょう。

Köln　　　müde　　　Danke schön.　　　fünf

Disc2-8
054

② 音声を聴き，下線部に ö または ü を書き入れましょう。

1) __bung　　　　2) f__nfzig　　　　3) h__ren　　　　4) nat__rlich

5) Bitte sch__n.　　6) Franz__sisch　　7) Sch__ler

③ 音声の後に続けて 1)～7) を発音しましょう。

Disc2-9
055

3. ① 例にならい，1)～6) でアクセントの置かれる母音に印をつけましょう。

② 音声を聴き，答え合わせをしましょう。後に続けて発音しましょう。

例：長母音 → haben　　　短母音 → trinken

1) Mutter　　2) Vater　　3) Bruder　　4) Schwester　　5) Onkel　　6) Tante

Disc2-10
056

4. h は発音される場合と発音されない場合があります。

① 下の文や語にある h に注意して音声を聴き，例にならって分類し，表に書き入れましょう。

Guten Tag, Herr Grund. Wie geht es Ihnen? / Danke, sehr gut. Und Ihnen?

haben　Hunger　wohnen　hallo　Lehrer　wahr　zweihundert　fahren　Zahlen

発音される h	発音されない h
Herr	geht

② 音声を聴いて，後に続けて発音しましょう。

③ h の発音について，グループでどんな規則があるか話し合いましょう。

Lektion 3

1. ① 例にならい，1) 〜 12) でアクセントの置かれる母音に印をつけましょう。

② 音声を聴いて答え合わせをしましょう。音声の後に続けて発音しましょう。

例：長母音 → haben   短母音 → trinken

1) Bett   2) Schrank   3) Tisch   4) Sofa   5) Lampe   6) Regal

7) Laptop   8) Vase   9) Zimmer   10) groß   11) gemütlich   12) schön

2. ① 音声の後に続けて発音し，変母音の ö と ü の発音を確認しましょう。

Köln   müde   Danke schön.   fünf

② 音声を聴き，下線部に ö または ü を書き入れましょう。

1) K__hlschrank   2) B__cherregal   3) sch__n   4) gem__tlich

5) Gr__ße   6) K__ln   7) Kleiderb__gel

③ 音声の後に続けて 1) 〜 7) を発音しましょう。

3. ① 音声を聴き，後に続けて下の単語を発音しましょう。

② 音声を聴きながら，[ʃ] と発音される綴りをマーキングしましょう。

③ もう一度音声に続けて発音しましょう。

例：Ti(sch)

Tisch   Schrank   Waschmaschine   Kühlschrank   schön   Tischlampe

Entschuldigung   studieren   sprechen   Sport   Spaß   spielen

> st- や sp- で始まる語の s は sch と同じく [ʃ] と発音する。

4. 自然なスピードの会話では，カッコ内のアルファベットを発音せず，下線部はつなげて発音します。

①例文を聴いて確認しましょう。

例：Has(t) du einen Fernseher?

② 音声を聴き，発音されないアルファベットをカッコに入れ，つなげて発音された部分に下線を引きましょう。

1) Hast du eine Wolldecke?   2) Wie findest du den Tisch?

3) Hast du ein Sofa?   4) Wie findest du die Vase?

③ マークした部分を意識して，音声の後に続けて発音しましょう。

Lektion 4

Disc2-16

062

1. ① 音声の後に続けて発音し，変母音の ä, ö, ü の発音を確認しましょう。

spät　　　Köln　　　müde　　　Danke schön.　　　fünf

Disc2-17
063

② 音声を聴き，下線部に ä, ö, ü のいずれかを書き入れましょう。

1) sch__n　　　　　2) B__cher　　　　　3) B__ckerei

4) Br__tchen　　　5) Blumengesch__ft　　6) sp__t

③ 音声の後に続けて 1) ～ 6) を発音しましょう。

Disc2-18
064

2. ① 音声を聴き，後に続けて下の単語を発音しましょう。

> Sprache　sprechen　Buch　Bücher　Koch　Köchin
>
> acht　sechzehn　zwanzig　dreißig　vielleicht　Nachmittag

② それぞれの単語には [ç]（ich の -ch）もしくは [x]（ach の -ch）が含まれています。
[ç]（ich の -ch）と発音される部分は赤で，[x]（ach の -ch）と発音される部分は黒で囲みましょう。

③ 分類して表に単語を書き入れましょう。

[ç] ich の -ch	[x] ach の -ch

> ・a, o, u, au の後に -ch が続く場合には，ach の ch [x]
> ・i, e, ö, ü の後に -ch が続く場合には，ich の ch [ç]
> ・語末の -ig は，ich の ch と同じ発音になる

Disc2-19
065

3. ① それぞれの単語はいくつの単語でできているでしょうか？　例にならって区切ってみましょう。

例：Supermarkt → Super|markt

1) Buchhandlung　2) Tennisplatz　　3) Fitnessstudio　　4) Kaufhaus

5) Schwimmbad　6) Baseballstadion　7) Blumengeschäft　8) Fußballplatz

② 音声を聴き，1) ～ 8) で強く発音されている語を〇で囲み，音声の後に続けて発音しましょう。

例：⟨Super⟩|markt

Lektion 5

Disc2-20
066

1. ① 音声に続けて発音し，r と l の発音を確認しましょう。

schreiben　　telefonieren　　Grammatik　　lernen

Disc2-21
067

② 音声を聴き，下線部に r または l を書き入れましょう。

1) spie__en 　　 2) st__eng 　　 3) F__ühstück 　　 4) se__ber

5) Vokabe__n 　 6) __auchen 　　 7) Fami__ie 　　 8) t__inken

9) K__ub 　　 10) E-Mai__ 　　 11) Bib__iothek

③ 音声の後に続けて 1) ～ 11) を発音しましょう。

Disc2-22
068

2. ① 発音を聴き，のどひこをふるわせない／巻き舌にならない r を○で囲みましょう。

Seiko lernt. / Seiko schreibt einen Aufsatz. / Seiko geht in den Supermarkt.

Seiko lernt Grammatik. /Seiko geht ins Konzert. / Seiko darf nicht rauchen.

Seiko darf fernsehen. / Seiko darf hier nicht parken.

② 音声を聴き，答え合わせをしましょう。

③ 音声の後に続けて発音しましょう。

Disc2-23
069

3. ① 文中では強く発音される語とそうではない語があります。

　下のセリフでは，太字の語が強く発音されます。音声を聴いて確認しましょう。

Seiko:　Hallo, **Jan**! Was ist denn **los**?

Jan:　　**Ach Seiko**. Meine Gastfamilie ist **sehr streng**.

Seiko:　Ja?

Jan：　　**Ja**, es gibt bei uns **sehr** viele **Vor**schriften.

　　　　Ich muss schon um **sechs** Uhr zum **A**bendessen wieder zu **Hau**se sein.

　　　　Und ich darf am **A**bend **nicht** nach zehn Uhr **du**schen.

Seiko:　**Wirk**lich? **Ich** darf bis **ein** Uhr duschen.

② 音声に合わせてオーバーラッピングをしてみましょう。

③ どんな語が強く発音されますか？　どんな語は強く発音されませんか？

　クラスメートと話し合ってみましょう。

Lektion 6

Disc2-24

1. ① 音声の後に続けて発音し，d と g の発音を確認しましょう。

	Aben**d**	**D**usche	Ta**g**	**ge**hen
	[t]	[d]	[k]	[g]

Disc2-25

② 音声を聴き，d, t, k, g のいずれかをカッコ内に書き入れましょう。

1) Hem**d**　　2) mü**d**e　　3) Sonnta**g**　　4) **g**emein　　5) Ausflu**g**

　　[　]　　　　　[　]　　　　　　[　]　　　　　[　]　　　　　　　[　]

6) Ra**d**　　7) Freun**d**e　　8) Badeanzu**g**　　9) ori**g**inell　　10) Wochenen**d**e

　　[　]　　　　　[　]　　　　　　[　]　　　　　[　]　　　　　　　　[　]

③ 音声の後に続けて 1) ～ 10) を発音しましょう。

Disc2-26

2. ① 音声を聴き，発音のパターンにしたがって分類しましょう。

> Konzert　gemütlich　Idee　Informatik　Museum　Bikini　Musik　Computer
> Mathematik　Physik　Apotheke　Philosophie　praktisch　interessant　originell　billig

●●	●●	●●●	●●●●	●●●●

② 音声を聴き，答え合わせをしましょう。

③ 音声の後に続けて発音しましょう。

Disc2-27

3. 自然なスピードの会話では，カッコ内のアルファベットを発音せず，下線部はつなげて発音します。

① 例文を聴いて確認しましょう。

例：Wie findes(t) du den Bikini?

② 音声を聴き，発音されないアルファベットをカッコに入れ，つなげて発音された部分に下線を引きましょう。

1) Was hast du am Wochenende vor?　　2) Kommst du mit ins Schwimmbad?

3) Wie findest du den Badeanzug?　　4) Hast du einen Badeanzug?

③ マークした部分を意識して，音声の後に続けて発音しましょう。

Lektion 7

1. ① 例にならい，アクセントの置かれる母音に印をつけましょう。

例：長母音 → haben   短母音 → trinken   二重母音 → heißen

1) Apfel   2) Banane   3) Birne   4) Orange   5) Wurst   6) Brot

7) Kekse   8) Eier   9) Brunnen   10) Kiosk   11) mitkommen   12) mitbringen

② 音声を聴いて答え合わせをしましょう。

③ 音声の後に続けて発音しましょう。

2. ① それぞれの単語はいくつの単語でできているでしょうか？　例にならって区切ってみましょう。

例：Orangensaft → Orangen|saft

1) Obstsalat   2) Reiskekse   3) Wurstbrot   4) Fischrestaurant

5) Radtour   6) Stadtwald   7) Hauptbahnhof   8) Straßenbahnhaltestelle

② 音声を聴き, 1) 〜 8) で強く発音されている語を○で囲み, 音声の後に続けて発音しましょう。

例：Orangen|saft

3. 自然なスピードの会話では，カッコ内のアルファベットを発音せず，下線部はつなげて発音します。

① 例文を聴いて確認しましょう。

例：Has(t) du Lust, ein Picknick zu machen?

② 音声を聴き，発音されないアルファベットをカッコに入れ，つなげて発音された部分に下線を引きましょう。

1) Hast du am nächsten Sonntag Zeit?   2) Hast du Lust mitzukommen?

3) Was bringst du mit?   4) Bringst du Sushi mit?

③ マークした部分を意識して，音声の後に続けて発音しましょう。

4. ① 文中では強く発音される語とそうではない語があります。

下のセリフでは，太字の語が強く発音されます。音声を聴いて確認しましょう。

Am **Frei**tag kaufe ich **Bier** und **Wein**.

Am **Sams**tag**nach**mittag backe ich einen **Ku**chen.

Am **Sonn**tag mache ich mit meinen Freunden ein **Pick**nick.

Um **zehn** Uhr **drei**ßig treffen wir uns am **Neu**markt.

② 音声に合わせてオーバーラッピングをしてみましょう。

③ どんな語が強く発音されますか？　どんな語は強く発音されませんか？

クラスメートと話し合ってみましょう。

Lektion 8

Disc2-32
078

1. ① 例にならい，アクセントの置かれる母音に印をつけましょう。

例：長母音 → haben　　短母音 → trinken　　二重母音 → heißen

1) essen　　2) gegessen　3) lesen　　4) gelesen　　5) gestern　　6) Abend

7) Musiker　8) Klub　　9) Jazzklub　10) Freunde　11) Präsentation　12) jobben

② 音声を聴いて答え合わせをしましょう。

③ 音声の後に続けて発音しましょう。

Disc2-33
079

2. 次の単語の発音には [ai] か [oi] のどちらかが含まれています。音声を聴き，分類して表に書き入れましょう（二重母音は基本の母音と違う発音となるので注意しましょう）。

Wein　Eier　Neumarkt　Zeit　Häuschen　Reiskekse　Eis　Freunde　Bäckerei

neun　Verkäufer　schreiben　aufräumen　einfach　Reise　Leute

[ai]	[oi]

Disc2-34
080

3. ① 文中では強く発音される語とそうではない語があります。

下のセリフでは，太字の語が強く発音されます。音声を聴いて確認しましょう。

Gestern bin ich mit meinem **Mann** ins **Ki**no gegangen.

Wir haben den neuen **Film** von Takeshi Kitano gesehen.

Da**nach** sind wir ins **Chi**narestaurant gegangen.

Da haben wir zu **A**bend gegessen.

Nach dem **Es**sen sind wir in der **Alt**stadt spa**zie**ren gegangen.

② 音声に合わせてオーバーラッピングをしてみましょう。

③ どんな語が強く発音されますか？　どんな語は強く発音されませんか？

クラスメートと話し合ってみましょう。

Disc2-35

 081

Die Monate 月の名前

1月	Januar	5月	Mai	9月	September
2月	Februar	6月	Juni	10月	Oktober
3月	März	7月	Juli	11月	November
4月	April	8月	August	12月	Dezember

Meine Mutter ist am einunddreißig**sten** August geboren.　私の母は 8 月 31 日に生まれました。

Disc2-36

 082

Ordinalzahlen 序数

1. **erst**	11. elf**t**	21. einundzwanzig**st**	1 000. tausend**st**
2. zwei**t**	12. zwölf**t**	30. dreißig**st**	
3. **dritt**	13. dreizehn**t**	40. vierzig**st**	
4. vier**t**	14. vierzehn**t**	50. fünfzig**st**	
5. fünf**t**	15. fünfzehn**t**	60. sechzig**st**	
6. sechs**t**	16. sechzehn**t**	70. siebzig**st**	
7. sieb**t**	17. siebzehn**t**	80. achtzig**st**	
8. ach**t**	18. achtzehn**t**	90. neunzig**st**	
9. neun**t**	19. neunzehn**t**	100. hundert**st**	
10. zehn**t**	20. zwanzig**st**	101. hundert**erst**	

Disc2-37

 083

Datum 日付

日付は序数を使って表します。この場合，序数には定冠詞と語尾がつきます。

「〜日は」：der 序数 e

Heute ist der erst**e** April.　今日は 4 月 1 日です。

「〜日に」：am 序数 en

Ich bin am zweit**en** Februar geboren.　私は 2 月 2 日に生まれました。

Disc2-38

084

Jahr 西暦年

西暦年はつぎのように表します。

1) 1099 年までは数詞そのまま

645 年：sechshundertfünfundvierzig　　794 年：siebenhundertvierundneunzig

2) 1100 年〜 1999 年は、通常 2 ケタずつに分け、hundert をはさむ

1820 年（18+ hundert+20）：achtzehnhundertzwanzig

1963 年（19+ hundert+63）：neunzehnhundertdreiundsechzig

3) 2000 年以降は数詞そのまま

2006 年：zweitausendsechs

2035 年：zweitausendfünfunddreißig

「〜年に」という場合は、そのままもしくは im Jahr ... となります。英語のように「*in* ...」
とはなりません。

Ich bin am zweiten Februar **zweitausendsechs** geboren.

　私は 2006 年 2 月 2 日に生まれました。

Feste und Feiertage im Jahreslauf

年間のお祭りと祝祭日（日付のないものは年によって異なる祭日です）

12月 Dezember

Adventszeit アドヴェント（待降節）

クリスマス4週間前の日曜日から12月24日までの期間。この期間、家庭では Adventskranz（アドヴェンツ・クランツ：もみの木の枝を編んで作った環に4本のろうそくを立てたリース）を飾ります。

6.12. Nikolaustag 聖ニコラウス祭

聖ニコラウスがやって来るとされています。よい子は小さなプレゼントをもらい、悪い子は小枝のむちで打たれると言われています。

24.-26.12. Weihnachten クリスマス

ドイツでは、26日も祭日で商店や会社もお休みです。

31.12. Silvester 大晦日

（大晦日の過ごし方については87ページを参照）

1月 Januar

1.1. Neujahrstag 元日

ドイツでも元日は休日ですが、商店や会社は1月2日から通常の営業を始めます。

2月 Februar

Karneval (Fastnacht, Fasching) 謝肉祭

地方によって異なりますが、大きなパレードが行われたり、一般市民が仮装をして街を練り歩いたりします。

3月 März

Karfreitag 聖金曜日

復活祭直前の金曜日で、キリストの受難と死を記念する日です。年によっては4月になることもあります。

4月 April

Ostern 復活祭

キリストの復活を記念する日です。子どもたちは、庭や室内でカラフルに色づけされたゆで卵を探します。卵とうさぎが Ostern のシンボルです（84ページ参照）。年によっては3月になることもあります。

5月 Mai

1.5. Maifeiertag メーデー

Tag der Arbeit とも言い、労働者の権利と団結を主張する日ですが、地方によっては、Maibaum（5月の木）を立てて春の訪れを祝うお祭りが開催されます。

Christi Himmelfahrt 昇天祭

キリスト教では、神の御子であるキリストが、復活祭から40日目の木曜日に天国にいる父、すなわち神のもとに戻ったと信じられています。そのためドイツでは、この日は父の日でもあります。この日、男性たちは自転車や荷車で郊外に行き、ビールを飲んだりします。

r Winter

r Frühling

s Jahr

r Herbst

r Sommer

9月 September

Oktoberfest

ミュンヘンで開催される世界的に有名なビール祭り、Oktoberfest（オクトーバーフェスト）。名前は「10月の祭り」ですが、実際には9月20日前後から10月の初めにかけて開催されます。

10月 Oktober

3.10. Tag der Deutschen Einheit ドイツ統一記念日

1989年11月9日にベルリンの壁が崩壊し、翌年の10月3日、第二次世界大戦後東西に分断されていたドイツが統一されました。統一記念日にはドイツ各地でさまざまなイベントが催されます。

11月 November

11.11. Martinstag 聖マルティヌス祭

この日の夕方、子どもたちは手作りのランタン（ちょうちん）を手に、家々を回ります。玄関先では 歌を歌い、その家の人からお菓子をもらいます。

6月 Juni

7月 Juli

8月 August

夏には各地で様々な催しが行われます。Bayreuther Festspiele(バイロイト音楽祭)をはじめ、Rhein in Flammen（ライン河畔で行われる花火大会）、Wacken Open Air(世界最大のメタルフェス)、Heidelberger Schlossfestspiele（ハイデルベルク城演劇祭）など世界的に有名な催しも数多くあります。

★この期間に祝祭日はありません。どうしてなのかクラスメートと話し合ってみましょう！

Disc2-39
085

Ostern 復活祭

Ostern ist wie Weihnachten ein großes christliches Fest: Nach einer langen Fastenzeit und dem Karfreitag feiern die Christen die Auferstehung von Jesus Christus.

Ostern ist aber auch ein großes Frühlingsfest. Der Winter in Deutschland ist lang, dunkel und kalt. Deshalb warten alle Leute auf den Frühling, die warme Sonne und die bunten Blumen. Ostern feiert man nach dem ersten Vollmond im Frühling.

Ostern ist ein schönes Fest, vor allem für die Kinder. Für die Kinder kaufen die Eltern Hasen und Eier aus Schokolade und färben gekochte Eier. Ganz früh am Ostersonntag verstecken die Eltern die Süßigkeiten und die bunten Eier im Garten.

Die Kinder glauben, dass der Osterhase die Eier und die Schokoladenhasen bringt und im Garten versteckt. Noch vor dem Frühstück laufen die Kinder in den Garten und suchen die Ostereier.

復活祭（イースター）

復活祭は，クリスマスと同じく，キリスト教の大切なお祭りです。長い四旬節（灰の水曜日から復活祭前日までの日曜日を除く 40 日間）と聖金曜日（復活祭直前の金曜日，キリスト受難の日）を経て，キリスト教徒はイエス・キリストの復活を祝います。

復活祭は大きな春のお祭りでもあります。ドイツの冬は長く，暗く，そして寒いので，多くの人たちが暖かな太陽や色とりどりの花を満喫できる春を心待ちにしています。復活祭は，春分後，満月をむかえた後の日曜日に始まります。

復活祭は特に子どもにとって楽しいお祭りです。子どもたちのために，親はチョコレートでできたウサギや卵を買い，ゆで卵に色づけします。そして復活祭の日曜日の早朝，お菓子や色とりどりの卵を庭にこっそり隠すのです。

子どもたちは復活祭のウサギが卵やチョコレートを持ってきて，庭に隠すと思っています。朝食も食べないうちに，子どもたちは庭に出て卵を探します。

Disc2-40

086 **Weihnachten** クリスマス

Zu Weihnachten feiern die Christen den Geburtstag des Christkindes.

Draußen ist es kalt und dunkel.

Drinnen ist es warm und die Kerzen am Weihnachtsbaum brennen hell.

Man trinkt Glühwein und isst Lebkuchen und Plätzchen.

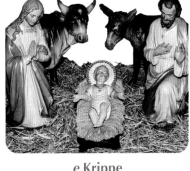

e Krippe
(das Christkind mit Maria und Josef im Stall)

Lebkuchen *pl*

r Weihnachtsbaum

r Glühwein

Plätzchen *pl*

Am 6. Dezember kommt der Nikolaus! Brave Kinder bekommen ein kleines Geschenk.
Unartige Kinder bekommen die Rute.

Am 24. Dezember ist Heiligabend.

Viele Leute gehen an Heiligabend in die Kirche. Danach feiert man unter dem Weihnachtsbaum.

Man schenkt anderen etwas und bekommt selbst Geschenke.

Geschenke *pl*

Silvester 大晦日

Was macht man in Deutschland an Silvester?　ドイツで大晦日に行われる風習がいくつかあります。どのような意味が込められているのでしょうか？　結びつけてください。

Viele Leute machen ein Feuerwerk. 花火を上げる

Die bösen Geister werden vertrieben. 悪霊を追い払う

Früher legte man Schuppen von Karpfen ins Portemonnaie. 昔は鯉の鱗を財布に入れた

Man wollte im neuen Jahr viel Geld haben. 新年にはお金がたくさんあることを望んだ

Man gießt Wachs. 溶かしたろうを(水に)垂らす

Man wünscht sich Glück für das neue Jahr.　新年の幸福を願う

Man dekoriert den Tisch mit Glücksbringern. 幸福を呼ぶもの（ブタ，クローバーなどの小さなフィギュア）でテーブルを飾る

Man möchte in die Zukunft sehen. 未来を予見したい

Was macht man in Japan an Silvester?　日本では大晦日に何をしますか？　ドイツ語と日本語を結びつけてください。

Ich gehe shoppen.	パーティーをする
Ich räume die Wohnung auf.	年賀状を書く
Ich wasche das Auto.	友達と外出する
Ich gebe eine Party.	ショッピングに行く
Ich gehe mit Freunden aus.	自動車を洗う
Ich schreibe Neujahrskarten.	住まいを片づける

Disc2-41

087 **Silvesterabend** 大晦日の晩

Am Silvesterabend feiern viele Leute zu Hause, zusammen mit der Familie und mit Freunden. Sie machen Spiele, gießen Wachs, essen Fondue oder Raclette und sehen Silvesterprogramme im Fernsehen.

Andere Leute gehen aus. Sie feiern mit Freunden in einer Kneipe, gehen ins Konzert oder gehen auf eine Silvesterparty. Open-Air-Veranstaltungen im Stadtzentrum sind auch sehr populär.

Um Mitternacht trinken die Leute Sekt und wünschen sich ein gutes neues Jahr. Man schenkt sich Glücksbringer.
Dann geht man auf die Straße und macht ein Feuerwerk.

Manche Leute machen auch einen Kurztrip und feiern Silvester in einer anderen Stadt.

s Raclette

Glücksbringer *pl*

Wachs gießen ロウをたらす(占いの一種)　　*s* Fondue フォンデュ　　*e/s* Raclette ラクレット
andere Leute 他の人々　　*e* Kneipe 飲み屋　　*e* Silvesterparty 大晦日のパーティー
Veranstaltungen *pl* (< *e* Veranstaltung) 催し物, イベント　　*s* Stadtzentrum 町の中心
r Sekt スパークリングワイン　　j^3 et^4 wünschen 人^{3}に事物^{4}を(であれと)願う
(ここでは相互的な用法「互いによい年となるように願う」)
e Straße 通り　　manche Leute 一部の人々　　*r* Kurztrip 小旅行　　in einer anderen Stadt 別の町で

Disc2-42
088

Im Burgerladen. ハンバーガーショップで

Bedienung   Seiko

> Ja bitte? Zum Mitnehmen oder zum hier Essen?

> Zum Mitnehmen, in der Mehrweg-Box.
> Ich nehme einen Veggieburger und einen Krautsalat.

> Und zum Trinken?

> Ein Wasser, bitte.

> Mit oder ohne Sprudel?

> Ein stilles Wasser, bitte. Was kostet das?

> 7,20 Euro für den Veggieburger, 3,40 Euro für den
> Krautsalat, 2,50 Euro für das Wasser und 5 Euro Pfand
> für die Burger-Box.
> Das macht 18,10 Euro. Das Pfand für die Burger-Box
> und 50 Cent für die Wasserflasche können Sie wieder
> zurückbekommen.

> Alles klar! Kann ich mit Karte bezahlen?

> Na, klar! So, hier ist Ihre Bestellung. Guten Appetit!

---

zum Mitnehmen テイクアウト用　　zum hier Essen ここでの飲食用
e Mehrweg-Box 繰り返し使えるボックス／リターナブルボックス
r Veggieburger ベジタブルバーガー　　r Krautsalat コールスローサラダ
ohne 〜なしの／〜なしで（英語の*without*に対応）
r Sprudel 炭酸（水）　stilles Wasser 炭酸の入っていない水　　s Pfand 保証金／デポジット
zurück|bekommen 返してもらう　　e Karte カード（ここではクレジットカード）
bezahlen 支払う　　e Bestellung 注文／注文の品　　Guten Appetit! どうぞ召し上がれ！

Mehrweg-Box　リターナブルボックス

ハンバーガーショップやカフェ，パン屋などでは，ゴミを削減するために，テイクアウト用のリターナブルボック
ス（e Mehrweg-Box）を採用していることがあります。これを使う場合，保証金（s Pfand）を支払いますが，
返却すると保証金は返金されます。上の会話のお店では Burger-Box と呼ばれていますね。Seiko はこれを使っ
てベジタブルバーガーを持ち帰ろうとしています。ミネラルウォーターのボトル（e Wasserflasche）は保証金
付きボトル（e Pfandflasche）で，こちらも返却すれば保証金が戻ってきます。スーパーなどで売られている
飲み物も保証金付きボトルであることが多く，専用の自動返却機が設置されています。

Disc2-43

089 ## Shoppen ショッピング

Seiko und Julia gehen shoppen. Sie gehen zusammen ins Stadtzentrum. Dort gibt es viele Läden, Outlets und Kaufhäuser.

Im Laden

Julia · Seiko

> **Was möchtest du kaufen, Seiko?**

Ich suche | einen Rock.
eine Hose.
ein T-Shirt.

> **Wie findest du** | den Rock
die Hose | **hier?**
das Top

Nicht schlecht.
Aber gibt es | ihn
sie | vielleicht in Weiß*?
es

> **Ja, hier.**

Der
Die | gefällt mir besser!
Das

> **Was kostet** | er
sie | **?**
es

35,80 Euro.

> **Das geht. Probier** | ihn
sie | **doch mal an.**
es

Ja, das mache ich.
Und du, möchtest du auch
etwas kaufen, Julia?

---

suchen 探す　　*r* Rock スカート　　*e* Hose ズボン　　*s* Top トップス（シャツ, ブラウスなど）
Nicht schlecht. 悪くないですね（＝よいですね）　　es gibt（＋4格）〜がある
in Weiß 白い色で　　gefällt（< gefallen）気に入る　　besser（< gut の比較級）
kosten 値段が〜である　　an｜probieren 試着する　　etwas 何か（英語の*something*に対応）
*色を表す形容詞は頭文字を大文字にすると名詞となる

Disc2-44

090 ## Farben 色

weiß　　schwarz　　rot　　blau　　grün　　gelb　　grau　　braun

アルファベットとドイツ語の発音

091 **1. Alphabet** アルファベットの読み方が，発音の基礎となります

A a	**B b**	**C c**	**D d**	**E e**	**F f**	**G g**
a:	be:	tse:	de:	e:	ɛf	ge:
H h	**I i**	**J j**	**K k**	**L l**	**M m**	**N n**
ha:	i:	jɔt	ka:	ɛl	ɛm	ɛn
O o	**P p**	**Q q**	**R r**	**S s**	**T t**	**U u**
o:	pe:	ku:	ɛr	ɛs	te:	u:
V v	**W w**	**X x**	**Y y**	**Z z**		
faʊ	ve:	ɪks	ˈʏpsilɔn	tsɛt		
		Ä ä	**Ö ö**	**Ü ü**	**ß ß**	
		ɛ:	ø:	y:	ɛs-ˈtsɛt	

092 **2. 発音の規則**

1) 原則としてローマ字読みをする

2) アクセントは原則として最初の母音にある

3) アクセントが置かれる母音の後に続く子音がひとつのとき，母音は長めに発音する

Jura 法学　　　　haben 持っている

アクセントが置かれる母音の後に子音がふたつ以上続くとき，母音は短めに発音する

kommen 来る　　Milch 牛乳

093 **3. 母音**

1) ウムラウト

Ä / ä　　[a] の口で「エ」と言う　　Ärztin （女性の）医師

Ö / ö　　[o] の口で「エ」と言う　　Köln ケルン（都市名）

Ü / ü　　[u] の口で「イ」と言う　　Übung 練習

2) 二重母音

ei　[aɪ]　　Wein ワイン

ie　[iː]　　Sie あなたは

au　[aʊ]　　Schauspieler 俳優

eu　[ɔY]　　Deutsch ドイツ語

äu　[ɔY]　　Verkäuferin （女性の）販売員

3) 次の場合には，長母音として発音する

・aa / ee / oo　：Aachen（都市名）　　Tee お茶　　Boot ボート

・母音の後ろに h：Bahn 鉄道　　gehen 行く　　Uhr 時計

4. 注意すべき子音

w [v]　Wiedersehen 再会

ß [s]　heißen ～という名前である

ch　前にある母音が a/o/u の場合には [x]
　　　Ach! ああ！　　Koch 料理人　　Buch 本
　　　それ以外の場合には [ç]　　ich 私は　　sprechen 話す

sch [ʃ]　Schule 学校語　　　Tisch テーブル

tsch [tʃ]　Deutsch ドイツ語　　Deutschland ドイツ　　Tschechien チェコ

sp [ʃp] /st [ʃt]　sp/st の s は [s] ではなく [ʃ] となる
　　　sprechen 話す　　　　　　spät 遅い
　　　Student（男性の）学生　　still 静かな
　　　　ただし　gestern は「ゲスタン」

j　一部の外来語を除き，「ヤ」「ユ」「ヨ」のように発音する
　　　Japan 日本　　Jugend 青春　　Johanna（人名）

r　母音の後ろに r がある場合，r は母音化され「ア」のように発音する
　　　hier ここで　　nur ～だけ　　Kurs コース

s　後ろに母音がある場合には濁音に，それ以外では清音になる
　　　sagen 言う　　Siegen（都市名）　　　Sohn 息子
　　　was 何が／何を　　uns 私たちに／私たちを

z　「ズ」ではなく「ツ」　　Soziologie 社会学　　Zoo 動物園

v　一部の外来語を除き，f と同じ発音になる
　　　Vater お父さん　viel たくさんの

pf / zt　2つの子音を連続して発音する（間に母音を入れないよう注意）
　　　Apfel リンゴ　　　　　　Topf 鍋
　　　Arzt（男性の）医師　　　jetzt 今

5. その他

1) b / d / g　後ろに母音がある場合には [b][d][g]，語末にある場合には [p][t][k] と発音される

  Lie<u>b</u>e　愛　　　　　→　　lie<u>b</u>　可愛らしい

  Kin<u>d</u>er　子どもたち　→　　Kin<u>d</u>　子ども

  Ta<u>g</u>e　日々　　　　　→　　Ta<u>g</u>　日

2) 語尾の -ig　ich の ch と同じ発音になる

  lust<u>ig</u>　愉快な　　　　zwanz<u>ig</u>　20

  ただし後ろに母音がある場合には，g を [g] と発音する

  Köni<u>g</u>in　女王

3) -tion：-ti は「ティ」ではなく「ツィ」と発音する

  Kommunika<u>tion</u>　コミュニケーション　　　　Informa<u>tion</u>　情報

4) th は [t] と発音する

  Apo<u>th</u>eke　薬局　　Biblio<u>th</u>ek　図書館　　<u>Th</u>eater　劇場

5) ch は，外来語では [ʃ] や [k] と発音される

  [ʃ]　<u>Ch</u>ance　チャンス　　　　　　Recher<u>ch</u>e　調査

  [k]　<u>Ch</u>arakter　性格　　　　　　<u>Ch</u>rist　キリスト教徒

6) qu は [kv] と発音する

  <u>Qu</u>alität　質　　<u>Qu</u>elle　泉　　　　<u>Qu</u>ittung　領収書，レシート

7) y は ü と同様，[u] の口で「イ」と発音する

  T<u>y</u>p　タイプ　　Ps<u>y</u>chologie　心理学

文法表

人称代名詞

		単数	複数
1 人称		ich　私は	wir　私たちは
2 人称	親称	du　君は	ihr　君たちは
	敬称	Sie　あなたは	Sie　あなたがたは
3 人称		男性： er　彼は 女性： sie　彼女は 中性： es　それは	sie {彼らは 彼女らは それらは

不定詞と定動詞

不定詞（不定形）：動詞や助動詞が何の変化もしていない形

kommen　来る
語幹

定動詞（定形）：動詞や助動詞が，文中の主語に応じて変化した（＝人称変化した）形

Ich komme aus Kobe.

Er kommt aus Tokyo.
　　↑
定動詞（定形）

規則動詞の現在人称変化

	単数			複数		
1 人称	ich	私は	語幹 + e	wir	私たちは	語幹 + en
2 人称	du	君は	語幹 + (e)*st	ihr	君たちは	語幹 + (e)*t
	Sie	あなたは	語幹 + en	Sie	あなたがたは	語幹 + en
3 人称	er sie es	彼は 彼女は それは	語幹 + (e)*t	sie	彼らは 彼女らは それらは	語幹 + en

*-t または -d で終わる語幹には，口調上の e を入れる

主語が誰なのかで動詞の語尾が変わるよ！

sein と haben の現在人称変化

不定詞 sein ～である（英語の *be*）			
ich	bin	wir	sind
du	bist	ihr	seid
Sie	sind	Sie	sind
er			
sie	ist	sie	sind
es			

不定詞 haben ～を持っている			
ich	habe	wir	haben
du	hast	ihr	habt
Sie	haben	Sie	haben
er			
sie	hat	sie	haben
es			

不規則動詞の人称変化（その他の不規則動詞については 100 ～ 101 ページ参照）

≪ a → ä ≫

不定詞 fahren （乗り物で）行く			
ich	fahre	wir	fahren
du	fährst	ihr	fahrt
Sie	fahren	Sie	fahren
er			
sie	fährt	sie	fahren
es			

不定詞 schlafen 寝る			
ich	schlafe	wir	schlafen
du	schläfst	ihr	schlaft
Sie	schlafen	Sie	schlafen
er			
sie	schläft	sie	schlafen
es			

≪ e → i ≫

不定詞 sprechen 話す			
ich	spreche	wir	sprechen
du	sprichst	ihr	sprecht
Sie	sprechen	Sie	sprechen
er			
sie	spricht	sie	sprechen
es			

不定詞 essen 食べる			
ich	esse	wir	essen
du	isst	ihr	esst
Sie	essen	Sie	essen
er			
sie	isst	sie	essen
es			

動詞は人称変化させたら，2 番目へ置くんだよ！

≪ e → ie ≫

不定詞 lesen　読む／読書をする			
ich	lese	wir	lesen
du	liest	ihr	lest
Sie	lesen	Sie	lesen
er			
sie }	liest	sie	lesen
es			

不定詞 sehen　見る			
ich	sehe	wir	sehen
du	siehst	ihr	seht
Sie	sehen	Sie	sehen
er			
sie }	sieht	sie	sehen
es			

不定冠詞の格変化

	r Tisch	*e* Lampe	*s* Bett
1格（～は）	ein　Tisch	eine　Lampe	ein　Bett
2格（～の）	eines　Tisches*	einer　Lampe	eines　Bettes*
3格（～に）	einem Tisch	einer　Lampe	einem Bett
4格（～を）	einen　Tisch	eine　Lampe	ein　Bett

＊ 男性名詞と中性名詞の 2 格では，名詞の語尾に -(e)s をつける

否定冠詞 kein の格変化

	r Tisch	*e* Lampe	*s* Bett
1格（～は）	kein　Tisch	keine Lampe	kein　Bett
2格（～の）	keines　Tisches*	keiner Lampe	keines　Bettes*
3格（～に）	keinem Tisch	keiner Lampe	keinem Bett
4格（～を）	keinen　Tisch	keine Lampe	kein　Bett

定冠詞の格変化

	r Tisch	*e* Lampe	*s* Bett	複数
1格（～は）	der　Tisch	die Lampe	das Bett	die Tische
2格（～の）	des　Tisches*	der Lampe	des　Bettes*	der Tische
3格（～に）	dem Tisch	der Lampe	dem Bett	den Tischen**
4格（～を）	den　Tisch	die Lampe	das Bett	die Tische

＊＊ 名詞の複数形の 3 格では，名詞の語尾に -n をつける（ただし，-s や -n で終わる複数形を除く）

所有冠詞

	単数	複数
1 人称	ich ⇒ mein	wir ⇒ unser
2 人称	du ⇒ dein	ihr ⇒ euer
	Sie ⇒ Ihr	Sie ⇒ Ihr
3 人称	er ⇒ sein	
	sie ⇒ ihr	sie ⇒ ihr
	es ⇒ sein	

所有冠詞の格変化

	r Vater	*e* Mutter	*s* Kind	Eltern（複数）
1 格（〜は）	mein Vater	meine Mutter	mein Kind	meine Eltern
2 格（〜の）	meines Vaters*	meiner Mutter	meines Kindes*	meiner Eltern
3 格（〜に）	meinem Vater	meiner Mutter	meinem Kind	meinen Eltern**
4 格（〜を）	meinen Vater	meine Mutter	mein Kind	meine Eltern

* 男性名詞と中性名詞の 2 格では，名詞の語尾に -(e)s をつける

** 名詞の複数形の 3 格では，名詞の語尾に -n をつける（ただし，-s や -n で終わる複数形を除く）

話法の助動詞の現在人称変化

	dürfen 〜してよい	können 〜できる	möchte(n) 〜したいと思う （主語の願望）	müssen 〜しなければ ならない	sollen 〜すべきだ	wollen 〜するつもりだ （主語の意志）
ich	darf	kann	möchte	muss	soll	will
du	darfst	kannst	möchtest	musst	sollst	willst
Sie	dürfen	können	möchten	müssen	sollen	wollen
er/sie/es	darf	kann	möchte	muss	soll	will
wir	dürfen	können	möchten	müssen	sollen	wollen
ihr	dürft	könnt	möchtet	müsst	sollt	wollt
Sie	dürfen	können	möchten	müssen	sollen	wollen
sie	dürfen	können	möchten	müssen	sollen	wollen

人称代名詞の格変化

		1 格（〜は／が）	3 格（〜に）	4 格（〜を）
単数（Singular）				
1 人称		ich	mir	mich
2 人称	親称	du	dir	dich
	敬称	Sie	Ihnen	Sie
3 人称	男性	er	ihm	ihn
	女性	sie	ihr	sie
	中性	es	ihm	es
複数（Plural）				
1 人称		wir	uns	uns
2 人称	親称	ihr	euch	euch
	敬称	Sie	Ihnen	Sie
3 人称		sie	ihnen	sie

sein と haben の過去人称変化

sein		haben	
過去基本形 war		過去基本形 hatte	
ich war	wir waren	ich hatte	wir hatten
du warst	ihr wart	du hattest	ihr hattet
Sie waren	Sie waren	Sie hatten	Sie hatten
er sie } war es	sie waren	er sie } hatte es	sie hatten

過去の出来事を話すときに，sein と haben は過去形をよく使うけれど，
それ以外の動詞は現在完了形のほうをよく使うよ！

話法の助動詞の過去人称変化

	dürfen	können	müssen	sollen	wollen
過去基本形	durfte	konnte	musste	sollte	wollte*
ich	durfte	konnte	musste	sollte	wollte
du	durftest	konntest	musstest	solltest	wolltest
Sie	durften	konnten	mussten	sollten	wollten
er/sie/es	durfte	konnte	musste	sollte	wollte
wir	durften	konnten	mussten	sollten	wollten
ihr	durftet	konntet	musstet	solltet	wolltet
Sie	durften	konnten	mussten	sollten	wollten
sie	durften	konnten	mussten	sollten	wollten

*「〜したいと思う」(現在)→ **möchte** を用いる(参考:wollen「〜するつもりだ／〜したい(強い意志)」)
「〜したいと思った」(過去)→ möchte の過去形はないため,**wollte** を用いる
　　Gestern **wollte** ich ausgehen, aber es hat geregnet.
　　Heute scheint die Sonne. Ich **möchte** unbedingt ausgehen.

> 過去の出来事を話すときに話法の助動詞を使う場合には
> 助動詞を過去形にするんだよ！

疑問詞

・was	何が／何を	Was ist das?
・wann	いつ	Wann beginnt die Party?
・warum	なぜ	Warum kommt Seiko nicht mit?
・wer	誰が	Wer ist das?
・wie	どのように	Wie heißen Sie?
・wo	どこで	Wo wohnst du?
・woher	どこから	Woher kommst du?

基本的な文の作り方・語順

① 平叙文での大原則は定形第 2 位

② ja / nein で答える疑問文では定形が文頭に置かれる

③ 疑問詞は文頭へ置く

④ 話法の助動詞を使った文では，不定詞を文末に置いて枠構造を作る

⑤ 分離動詞を使った文では，分離前綴りを文末に置いて枠構造を作る

⑥ 現在完了形の文では，過去分詞を文末に置いて枠構造を作る

①	Ich	komme	aus Kobe.	
	Er	trinkt	gern Kaffee.	
	Jetzt	fahre	ich nach Deutschland.	
	Um 2 Uhr	beginnt	der Film.	
②	Kommen	Sie	aus Tokyo?	
	Spielst	du	gern Tennis?	
③	Woher	kommst	du?	
	Was	trinken	Sie gern?	
④	Er	kann	sehr gut Deutsch	sprechen.
	Kannst	du	Klavier	spielen?
	Wann	kann	ich euch	besuchen?
⑤	Seiko	kommt	auch	mit.
	Siehst	du	gern	fern?
	Wer	kommt	noch	mit?
⑥	Ich	habe	gestern Tennis	gespielt.
	Ist	er	schon nach Hause	gegangen?
	Wo	hast	du die Tasche	gekauft?

主な不規則動詞の三基本形 （ s のついた動詞は現在完了形を作るとき sein を用いる）

不定詞		不規則な現在形	過去基本形	過去分詞
backen	パンなどを焼く	*du* bäckst *er* bäckt	backte	gebacken
beginnen	始める		begann	begonnen
bleiben	とどまる		blieb	geblieben (*s*)
brennen	燃える		brannte	gebrannt
bringen	運ぶ		brachte	gebracht
essen	食べる	*du* isst *er* isst	aß	gegessen
fahren	乗り物で行く	*du* fährst *er* fährt	fuhr	gefahren (*s*)
fangen	捕える	*du* fängst *er* fängt	fing	gefangen
finden	見つける		fand	gefunden
fliegen	飛ぶ		flog	geflogen (*s*)
geben	与える	*du* gibst *er* gibt	gab	gegeben
gefallen	気に入る	*du* gefällst *er* gefällt	gefiel	gefallen
gehen	行く		ging	gegangen (*s*)
gießen	注ぐ	*du* gießt *er* gießt	goss	gegossen
gleichen	似ている		glich	geglichen
haben	持っている	*du* hast *er* hat	hatte	gehabt
halten	つかんでいる	*du* hältst *er* hält	hielt	gehalten
heißen	（～という）名である	*du* heißt *er* heißt	hieß	geheißen
helfen	助ける	*du* hilfst *er* hilft	half	geholfen
kennen	知っている		kannte	gekannt
kommen	来る		kam	gekommen (*s*)
laden	積む	*du* lädst *er* lädt	lud	geladen
lassen	置いておく	*du* lässt *er* lässt	ließ	gelassen
lesen	読む	*du* liest *er* liest	las	gelesen
nehmen	取る	*du* nimmst *er* nimmt	nahm	genommen

不定詞		不規則な現在形	過去基本形	過去分詞
raten	忠告する	*du* rätst *er* rät	riet	geraten
rufen	呼ぶ		rief	gerufen
schlafen	眠る	*du* schläfst *er* schläft	schlief	geschlafen
schreiben	書く		schrieb	geschrieben
schwimmen	泳ぐ		schwamm	geschwommen (s)
sehen	見る	*du* siehst *er* sieht	sah	gesehen
sein	ある	*ich* bin *wir* sind *du* bist *ihr* seid *er* ist *sie* sind	war	gewesen (s)
singen	歌う		sang	gesungen
sitzen	すわっている	*du* sitzt *er* sitzt	saß	gesessen
sprechen	話す	*du* sprichst *er* spricht	sprach	gesprochen
springen	跳ぶ		sprang	gesprungen (s)
stehen	立っている		stand	gestanden
sterben	死ぬ	*du* stirbst *er* stirbt	starb	gestorben (s)
treffen	会う	*du* triffst *er* trifft	traf	getroffen
trinken	飲む		trank	getrunken
tun	する		tat	getan
vergessen	忘れる	*du* vergisst *er* vergisst	vergaß	vergessen
waschen	洗う	*du* wäschst *er* wäscht	wusch	gewaschen
werden	なる	*du* wirst *er* wird	wurde	geworden(s) 〈worden(s)〈受動の助動詞〉〉
wissen	知っている	*ich* weiß *du* weißt *er* weiß	wusste	gewusst

Photoquelle

S.33 Marktplatz: ©iStockphoto.com/bbsferrari
Supermarkt: ©Axel Harting
S.87 Raclette: ©iStockphoto.com/margouillatphotos

ベーシック版　自己表現のためのドイツ語〈ノイ〉

2024 年 2 月 20 日　第 1 版発行

著　者　　板山眞由美（いたやま まゆみ）

塩路ウルズラ（しおじ うるずら）

本河裕子（もとかわ ゆうこ）

吉満たか子（よしみつ たかこ）

発行者　　前田俊秀

発行所　　株式会社　三修社

〒 150-0001　東京都渋谷区神宮前 2-2-22
TEL 03-3405-4511
FAX 03-3405-4522
振替 00190-9-72758
https://www.sanshusha.co.jp
編集担当　菊池　暁

印刷所　　日経印刷株式会社

©2024 Printed in Japan ISBN978-4-384-12310-4 C1084

表紙デザイン　　土橋公政
本文 DTP　　株式会社欧友社
本文イラスト　　中島聖子

Grundkurs Farbkasten Deutsch neu

Arbeitsbuch

SANSHUSHA

Lektion 1

提出日： 　月　　日（　）

学部	学科	学籍番号	氏名

1. Ergänzen Sie.　与えられた動詞から適当なものを選び下線部に入れ，会話を完成させてください。(S.9)

> ☐ bin　　☐ heiße　　☐ heißen　　☐ komme　　☐ kommen　☐ sind
>
> ☐ spiele　☐ spielen　☐ studiere　☐ studieren ☐ wohne　☐ wohnen

1) ○ Wie _____ Sie?

　 ● Ich _____ Seiko Ogawa.

2) ○ Woher _____ Sie?

　 ● Ich _____ aus Osaka.

3) ○ Wo _____ Sie?

　 ● Ich _____ in Tokyo.

4) ○ Was _____ Sie von Beruf?

　 ● Ich _____ Student.

5) ○ Was _____ Sie?

　 ● Ich _____ Medizin.

6) ○ Was _____ Sie gern?

　 ● Ich _____ gern Basketball.

2. Wie heißt das auf Japanisch?　動詞の意味を書いてください。(S.9)

Deutsch	Japanisch	Deutsch	Japanisch
heißen		spielen	
kommen		studieren	
sein		wohnen	

3. Ergänzen Sie. 与えられた疑問詞を下線部に入れ，会話を完成させてください。(S.9)

☐ was ☐ wie ☐ wo ☐ woher

1) ○ .... kommen Sie?
   ● Ich komme aus Hiroshima.

2) ○ .... spielen Sie gern?
   ● Ich spiele gern Baseball.

3) ○ .... wohnen Sie?
   ● Ich wohne in Köln.

4) ○ .... heißen Sie?
   ● Ich heiße Seiko Ogawa.

5) ○ .... studieren Sie?
   ● Ich studiere Germanistik.

Disc2-50
096

4. Hören Sie und schreiben Sie die Buchstaben. Wie heißen die Wörter? Wie spricht man sie aus? アルファベットを聴き取り，書き込んでください。どんな単語ができますか？　その単語はどのように発音されますか？(S.8)

1) ....

2) ....

3) ....

4) ....

5) ....

6) ....

2

学部	学科	学籍番号	氏名

5. Schreiben Sie. Was spielen Sie gern?　それぞれの人物になったつもりで，例に習ってセリフを書いてください。(S.9)

Beispiel:

Ich spiele gern Tennis.

1)　　　　　　2)　　　　　　3)　　　　　　4)

6. Wie heißt das auf Deutsch?　それぞれの飲み物の名前をドイツ語で書いてみましょう。(S.10)

1)

2)

3)

4)

5)

6)

7)

8)

7. Machen Sie neue Wörter.　例にならって与えられた語を組み合わせ，飲み物を表す単語を作ってみましょう。同じ語を複数回使っても構いません。(S.10)

| □ Kaffee | □ Milch | □ Oolong | □ Orangen | □ Reis |
| □ Saft | □ Tee | □ Tomaten | □ Wein | □ weiß |

Beispiel: .... Milch .... + ... Kaffee .... ➡ .... Milchkaffee ....

1) .... + ... ➡ ....
2) .... + ... ➡ ....
3) .... + ... ➡ ....
4) .... + ... ➡ ....
5) .... + ... ➡ ....

Disc2-51
097
8. Machen Sie einen Dialog und hören Sie dann den Text.
①与えられたセリフを書き入れ，会話を作ってください。(S.12)
②音声を聴いて，確認しましょう。

□ Angestellte. Ich arbeite bei Adidas.	□ Ich lerne Deutsch.	□ Ange...?
□ Ja, ich studiere Informatik. Und Sie?	□ Ach so.	□ In Köln.
□ Entschuldigung, sind Sie Student?	□ Ich bin Angestellte.	
□ Was machen Sie in Deutschland?	□ Und wo?	

○ ....
● ....
○ ....
● ....
○ ....
● ....
○ ....
● ....
○ ....
● ....

学部	学科	学籍番号	氏名

9. Ergänzen Sie. 表を完成させてください。(S.10-13)

職業	男性形	女性形
教師		
	Kellner	
		Verkäuferin
俳優／役者		
	Arzt	
		Politikerin
		Pianistin
歌手	Sänger	
	Schriftsteller	
		Komponistin
会社員		
サッカー選手		
	Baseballspieler	
客室乗務員		

10. Ergänzen Sie. 次の人物の職業は何ですか？ 適当な語を入れ，自己紹介を完成させましょう。(S.13)

1) Ich heiße Takefusa Kubo.   Ich bin ....

2) Ich heiße Ado.   Ich bin ....

3) Ich heiße Kenshi Yonezu.   Ich bin ....

4) Ich heiße Haruka Ayase.   Ich bin ....

5) Ich heiße Haruki Murakami.   Ich bin ....

11. Schreiben Sie die Schlüsselwörter zu Ihrer Person und stellen Sie sich vor.　あなたの情報を書き入れましょう。またそれらのキーワードを使って自己紹介を書いてください。(S.15)

出身地：...

職業：...

居住地：...

名前：...

専攻：...

好きな飲み物：...

スポーツ／楽器：...

Lektion 2

学部	学科	学籍番号	氏名

1. Ergänzen Sie. あいさつ表現の中から適当なものを選び，会話を完成させてください。(S.17)

☐ Danke, gut. Und Ihnen?　　☐ Wie geht es Ihnen?　　☐ Es geht.

☐ Sehr gut! Und dir?　　☐ Sind Sie müde?　　☐ Danke, auch gut.

☐ Ja, ich bin sehr müde.　　☐ Wie geht's?

1)
Hallo, Julia!
....

....

....

....

2)
Guten Tag, Herr Grund!
....

....

....

3)
Ah, guten Tag, Frau Ogawa.

....

....

2. Ergänzen Sie. 表を完成させましょう。(S.18)

	ich	du	Sie
sein			sind
kommen	komme	kommst	
heißen		heißt	
studieren			studieren
sprechen*		sprichst	

*不規則動詞 ➡ テキストS.18, 21

3. Ergänzen Sie. 適切な形で動詞を補ってください。(S.18)

1) ○ Wie .... du? ● Ich heiße Seiko Ogawa.
2) ○ Woher .... du? ● Ich komme aus Kobe.
3) ○ Was .... du? ● Ich bin Studentin.
4) ○ Was .... du? ● Ich studiere Soziologie.
5) ○ Was .... du gern? ● Ich spiele gern Tennis.
6) ○ Was .... du gern? ● Ich trinke gern Apfelsaft.

4. Ordnen Sie. 枠内の語は lernen, studieren のどちらと一緒に使われるでしょうか？ 分類してみましょう。テキスト 9 ページ（1 課）も参考にしてください。(S.18, 19)

☐ Anglistik   ☐ Betriebswirtschaft   ☐ Chinesisch   ☐ Deutsch
☐ Englisch   ☐ Französisch   ☐ Germanistik   ☐ Informatik
☐ Koreanisch   ☐ Medizin   ☐ Psychologie   ☐ Soziologie

Ich lerne …	Ich studiere …

5. Ergänzen Sie. 空所を補って，会話を完成させてください。(S.18)

1) ○ .... Sie aus Tokyo?

● Nein, aus Osaka.

○ .... Sie Student?

● Nein, ich .... Angestellter.

○ Was .... Sie in Deutschland?

● Ich .... in Düsseldorf.

2) ■ .... du aus Osaka?

☐ Nein, aus Kobe.

■ .... du Student?

☐ Ja.

■ Was .... du?

☐ Betriebswirtschaft.

■ .... du Deutsch?

☐ Ja, ein bisschen.

Lektion 2

学部	学科	学籍番号	氏名

6. Ergänzen Sie. 空所を補ってください。(S.19)

1) eins + drei + vier - zwei = ...

2) fünf + sechs - sieben + acht = ...

3) neun - sieben + drei + sechs = ...

4) zwei + fünf - drei + sieben + sechs = ...

5) vier acht zwölf .... zwanzig ....

6) null eins drei .... zehn fünfzehn ....

7) neunzig fünfundneunzig achtzig .... siebzig ....

7. Fragen an Sie. あなたへの質問です。(S.19)

1) Wie ist Ihre Studentennummer?

— Meine Studentennummer ist ....

2) Wie ist Ihre Handynummer?

— Meine Handynummer ist ....

3) Wie alt sind Sie?

— Ich bin .... (Jahre alt) .

4) Wie alt ist Ihr Vater / Ihre Mutter?

— Mein Vater ist .... Meine Mutter ist ....

5) Schreiben Sie Ihre drei Lieblingszahlen! (好きな数を３つあげましょう)

....

8. Wie heißt das auf Deutsch? ドイツ語で以下の数は何といいますか？ (S.19)

1) 21 .... 2) 35 ....

3) 62 .... 4) 77 ....

5) 84 .... 6) 100 ....

9. Seikos Familie　聖子の家族です。

① 1) ～ 8) の空所を補ってください。

② 音声を聴いて，空所を補ってください。(S.20, 21)

☐ Bruder　　☐ Großmutter　　☐ Großvater　　☐ Mutter

☐ Onkel　　☐ Schwester　　☑ Tante　　☐ Vater

Yoshio

Kuniko

1) ....

2) ....

Kohei

Etsuko

Ichiro

Ryoko

3) ....

4) ....

5) ....

6) _Tante_ ....

Koji

Tomoko

Seiko

7) ....

8) ....

Mein Vater heißt Kohei. Er ist ....

Und meine Mutter heißt Etsuko. Sie ist ....

Mein Bruder .... Koji. Er ist ....

Meine Schwester heißt Tomoko. Sie ist ....

学部	学科	学籍番号	氏名

Disc2-53
099
10. Oliver stellt seine Eltern vor. Ergänzen Sie und hören Sie den Text.　オリヴァーが両親を
紹介しています。空所を補ってから，音声を聴いて確認しましょう。(S.20, 21)

Name: Hans Berger
Alter: 53
Beruf: Angestellter
Wohnort: Köln
Hobby: schwimmen
Lieblingsgetränk: Wein

Das ist mein ....

Er ....

Er ist ....

und .... Jahre alt.

Er .... in Köln.

Er .... gern.

Er .... gern Wein.

Name: Inge Berger
Alter: 50
Beruf: Angestellte
Wohnort: Köln
Hobby: kochen, Filme sehen
Lieblingsgetränk: Tee

Das ist meine ....

Sie ....

Sie ist ....

und .... Jahre alt.

Sie .... auch in Köln.

Sie .... gern und ....

auch gern Filme.

Sie .... gern Tee.

11. Ergänzen Sie die Tabelle.　表を完成させましょう。(S.18-21)

	ich	du	Sie	er/sie
sein				ist
heißen	heiße			
trinken				trinkt
sehen		siehst		sieht

12. Was machen die Personen gern?　イラストの人物の趣味は何ですか？ (S.20, 21)

> ☐ Auto fahren　☐ Filme sehen　☐ lesen　　　　☐ Musik hören
> ☐ Rad fahren　☐ schwimmen　☐ Volleyball spielen

1) ○ Was macht Seiko gern?

● Sie ....

2) ○ Was macht Oliver gern?

● Er ....

3) ○ Was macht Herr Berger gern?

● ....

4) ○ Was macht Frau Berger gern?

● ....

5) ○ Was macht Herr Grund gern?

● ....

6) ○ Was macht Julia gern?

● ....

7) ○ Was macht Alain gern?

● ....

Lektion 3

提出日： 月 日 （ ）

学部	学科	学籍番号	氏名

1. Ergänzen Sie. 例にならって単語を書いてください。(S.25)

Beispiel:

das Sofa

1)

2)

3)

4)

5)

6)

7)

8)

9)

10)

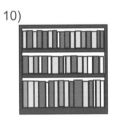

11)

Disc2-54
100

2. Bringen Sie die Sätze in die richtige Reihenfolge und hören Sie danach den Text. 会話になるよう文を並び替えてください。答えは音声で確認しましょう。(S.26)

a) Ja, aber haben Sie vielleicht noch eine Tischlampe?

b) Das Zimmer ist schön! Ein Bett, ein Tisch, ein Stuhl, ein Schrank und ein Regal.

c) Ach ja, natürlich.

d) So, das ist Ihr Zimmer. Nicht groß, aber gemütlich.

e) Ja, alles ist da.

3. Ergänzen Sie.　例にならって単語を書いてください。(S.27)

Beispiel:

.... *die Vase* ....

1)

....

2)

....

3)

....

4)

....

5)

....

4. Was ist das?　例にならって文で答えてください。(S.26, 27)

Beispiel:

.... *Das ist eine Tischlampe.* ....

1)　　　　　2)　　　　　3)　　　　　4)

5)　　　　　6)　　　　　7)

1) ....

2) ....

3) ....

4) ....

5) ....

6) ....

7) ....

学部	学科	学籍番号	氏名

5. Fragen und antworten Sie. 例にならって質問と答えを書いてください。(S.26, 27)

	Frage	Antwort
	Hast du eine Vase?	Ja, ich habe eine Vase.
	Hast du einen Papierkorb?	Nein, ich habe keinen Papierkorb.
1)		
2)		
3)		
4)		
5)		
6)		
7)		

6. Das ist Roberts Traumzimmer. Was hat er? Beschreiben Sie das Zimmer. ローベルトの夢の部屋です。ローベルトになったつもりで，何があるか説明してください。(S.26-27)

Mein Zimmer ist groß und gemütlich.

Ich habe ein Bett, ...

....

Disc2-55

101

7. Ergänzen Sie und hören Sie dann den Text. 下線部に枠内から適切な語句を選んで入れてください。また，音声で確認しましょう。(S.28)

> ☐ Lieber Herr Schmidt, ☐ Seiko Ogawa ☐ Viele Grüße
> ☐ Bett ☐ Regal ☐ Stuhl ☐ Zimmer ☐ Schrank

_____

ich bin schon einen Monat in Deutschland! Meine Gastfamilie ist sehr nett.

Mein _____ ist klein, aber gemütlich. Ich habe fast alles: ein

_____ , einen Tisch, einen_____, einen _____

und ein _____. Aber ich habe noch keinen Haartrockner ...

Die Schule ist super! Mein Lehrer, Herr Grund, ist sehr lustig.

Ich habe hier viel Spaß!

_____

_____

学部	学科	学籍番号	氏名

8. Was haben Sie? Wie ist der/die/das ... ?　何を持っていますか？ それはどのようなものですか？　例にならって説明してください。(S.29)

Beispiel:

neu　　　　　　　　　　schön　　　　　　　　　groß

Ich habe _einen Tisch_.　　Ich habe _eine Vase_.　　Ich habe _ein Bett_.
Der Tisch ist neu.　　　_Die Vase_ ist schön.　　_Das Bett_ ist groß.

1)　praktisch

....
....

2)　klein

....
....

3)　groß

....
....

4)　unpraktisch

....
....

5)　neu

....
....

6)　schön

....
....

9. Hören Sie den Text und ergänzen Sie. 音声を聴いて空所を補ってください。(S.29)

> ☐ billig 安い ☐ modern ☐ nicht so schön ☐ originell ☐ schön
> ☐ unpraktisch   ☐ zu klein 小さすぎる   ☐ zu teuer 高すぎる

Beispiel:

€ 200

○ Wie findest du _____das Bett?_____ ?
● _____Schön_____ , aber _____unpraktisch_____ .

1)

€ 800

○ Wie findest du _____ ?
● _____ , aber _____ .

2)

€ 35

○ Wie findest du _____ ?
● _____ , aber _____ .

3)

€ 500

○ Wie findest du _____ ?
● _____ , aber _____ .

4)

€ 450

○ Wie findest du _____ ?
● _____ , aber _____ .

5)

€ 10

○ Wie findest du _____ ?
● _____ , aber _____ .

10. Ergänzen Sie. 適切な冠詞を補ってください。(S.25-29)

Beispiel: Ich habe _____einen_____ Schreibtisch. _____Der_____ Schreibtisch ist schön.

1) Ich habe e_____ Laptop. D_____ Laptop ist alt.

2) ○ Hast du e_____ Haartrockner?   ● Nein, ich habe k_____ Haartrockner.

3) ○ Wie findest du d_____ Zimmer?   ● D_____ Zimmer ist gemütlich.

4) Seiko hat e_____ Uhr. D_____ Uhr ist klein, aber praktisch.

5) ○ Wie finden Sie d_____ Fernseher?   ● D_____ Fernseher ist zu teuer.

Lektion 4

提出日： 月 日（ ）

学部	学科	学籍番号	氏名

1. Wie heißt das auf Deutsch? ドイツ語では何と言いますか？ 名詞の性がわかるよう，*r / e / s* をつけて書いてください。(S.33, 34, 37)

Japanisch	Deutsch	Japanisch	Deutsch
街	*e* Stadt	パン屋	
喫茶店		スーパー	
薬局		花屋	
郵便局		映画館	
本屋		銀行	

2. Was passt zusammen? 関連のある語を線で結んでください。(S.33, 34, 37)

e Apotheke	・	・ *s* Brötchen
e Bank	・	・ Briefmarken (*pl*)
e Bäckerei	・	・ *s* Buch
e Buchhandlung	・	・ *s* Geld
s Café	・	・ *r* Film
s Kino	・	・ Blumen (*pl*)
e Post	・	・ *s* Mineralwasser
s Blumengeschäft	・	・ eine Tasse Kaffee
r Supermarkt	・	・ *s* Aspirin

3. Ergänzen Sie. 例にならって文を完成させてください。(S.34, 35)

Beispiel: Ich brauche Briefmarken. Ist hier in der Nähe ____*eine Post*____?

1) Ich brauche Mineralwasser. Ist hier in der Nähe _____?

2) Ich brauche Geld. Ist hier in der Nähe _____?

3) Ich brauche Brötchen. Ist hier in der Nähe _____?

4) Ich brauche ein Wörterbuch*. Ist hier in der Nähe _____?

5) Ich brauche ein Aspirin. Ist hier in der Nähe _____?

**s* Wörterbuch 辞書

4. Ergänzen Sie. 適切な冠詞を選び下線部に入れてください。(S.35)

☐ das   ☐ der   ☐ die   ☐ ein   ☐ ein   ☐ eine

1) ○ Ist hier in der Nähe .... Café?
   ● Ja, ... Café Blau ist gleich um die Ecke.

2) ○ Ist hier in der Nähe .... Buchhandlung?
   ● Ja.
   ○ Wie heißt .... Buchhandlung?
   ● „Heine-Buchhandlung."

3) ○ Ist hier in der Nähe .... Supermarkt?
   ● Ja, ... Supermarkt heißt „EDEKA".

5. Ergänzen Sie. 適切な前置詞と定冠詞の組み合わせを選び，下線部に入れてください。(S.35)

☐ auf die   ☐ in den   ☐ in die   ☐ ins

Seiko geht heute .... Stadt.

Sie braucht Geld und geht zuerst .... Bank.

Dann geht sie .... Bäckerei und kauft Brötchen.

Sie geht dann .... Supermarkt. Sie braucht Shampoo.

Danach geht sie noch .... Café und trinkt eine Tasse Kaffee.

6. Ergänzen Sie. 文を完成させてください。(S.35)

1) Seiko geht .... Sie trinkt eine Tasse Kaffee.

2) Oliver geht .... Er kauft Brötchen.

3) Frau und Herr Berger gehen ....
   Sie sehen einen Film von Akira Kurosawa.

4) Julia geht .... Sie braucht Briefmarken.

5) Alain geht .... Er braucht Geld.

Lektion 4

学部	学科	学籍番号	氏名

7. Schreiben Sie die Uhrzeit auf Japanisch. それぞれの時刻を例にならって日本語で書いてください。(S.36)

Beispiel: zehn Uhr ➡ 10 時

1) drei Uhr vierzig

....

2) sechs Uhr fünfzehn

....

3) acht Uhr dreißig

....

4) zwölf Uhr zwanzig

....

5) siebzehn Uhr fünf

....

6) zwanzig Uhr fünfundvierzig

....

Disc2-57 103
8. Wie spät ist es? Schreiben Sie und hören Sie dann den Text. それぞれの時計の時刻を例にならって書いてください。その後で音声を聴き，答えを確認してください。(S.36)

Beispiel

........*Es ist sechs Uhr zwanzig.*........

1)

....

2)

....

3)

....

4)

....

5)

....

6)

....

9. Wie heißt das auf Deutsch?　ドイツ語では何と言いますか？　名詞の性がわかるよう，*r* / *e* / *s* をつけて書いてください。(S.37)

Japanisch	Deutsch	Japanisch	Deutsch
映画館	*s* Kino	デパート	
フィットネススタジオ		図書館	
劇場		博物館	
コンサート		プール	
サッカーグラウンド		街	
クラブ		野球スタジアム	
テニスコート		レストラン	

10. Was passt zusammen?　関連のある語を線で結んでください。(S.37)

e Bibliothek　·　　　　·　schwimmen

s Baseballstadion　·　　　·　Jeans kaufen

r Klub　·　　　　　·　ein Baseballspiel sehen

r Fußballplatz　·　　　·　Musik hören

s Fitnessstudio　·　　　·　Fußball spielen

s Kaufhaus　·　　　　·　Bücher lesen

s Konzert　·　　　　·　tanzen

s Schwimmbad　·　　　·　trainieren

11. Ergänzen Sie.　例にならい，前の文に続けて作文してください。(S.37)

　　　Beispiel: Ich gehe in die Bibliothek. ＿＿＿*Dort lese ich Bücher.*＿＿＿

1）Ich gehe in den Klub. ＿＿＿＿＿＿＿＿

2）Ich gehe auf den Fußballplatz. ＿＿＿＿＿＿＿＿

3）Ich gehe ins Kaufhaus. ＿＿＿＿＿＿＿＿

4）Ich gehe ins Konzert. ＿＿＿＿＿＿＿＿

Lektion 4

提出日： 月 日 （ ）

学部	学科	学籍番号	氏名

12. Was machen Sie heute ? あなたは今日，何時にどこへ行き，そこで何をしますか？ 予定を表に書き込み，それを見ながらドイツ語で説明してみましょう。(S.37)

Wann?	Wohin?	Was?
8 Uhr	in die Bäckerei	Brot kaufen

Beispiel: *Um 8 Uhr gehe ich in die Bäckerei. Dort kaufe ich Brot.*

....

....

....

13. Was gibt es in Ihrer Wohngegend oder der Umgebung Ihrer Universität?

① あなたの家や大学の周辺には何がありますか？ あるものにはチェック（✔）をつけ，その名前を書き込んでみましょう。(S.33, 34, 37)

施設	名前	施設	名前
e Apotheke		*s* Kino	
e Bäckerei		*s* Kaufhaus	
s Café		*r* Supermarkt	
s Restaurant		*e* Buchhandlung	

② 上の表を見て，何があり，それらがどんな名前なのかを，例にならってドイツ語で書いてください。

Beispiel: *Da ist eine Apotheke. Die Apotheke heißt „Tanaka-Yakkyoku".*

....

....

....

14. Hören Sie den Text und ergänzen Sie. 音声を聴き，会話を完成させてください。下線部にはそれぞれ1語ずつ入ります。(S.34, 36)

Du, ich habe eine Frage.

Ja?

Ist hier .... eine Bank?

Ja, die Bank ist gleich ....

Oh prima!

.... jetzt auf die Bank?

Ja, ich ....
Wie spät ist es denn?

Es ist .... Uhr.

Was? .... ?
Ich .... los!

24

Lektion 5

学部	学科	学籍番号	氏名

1. Was passt? Schreiben Sie.　それぞれの絵に合う語句を下から選び，書き入れてください。
(S.41)

> ☐ das Auto waschen　　☐ eine E-Mail schreiben　　　　☐ ein Eis essen
>
> ☐ eine Pause machen　☐ in die Bibliothek gehen und lernen　☐ Vokabeln lernen

1)

2)

3)

....　..　..

4)

5)

6)

....　..　..

2. Was muss Seiko machen? Was möchte Seiko machen? Benutzen Sie die Verben aus Übung 1.　聖子は何をしなければなりませんか？　何をしたいですか？　例にならって，**1.** にある語句を使い，書いてください。(S.42-43)

☹	☺
Seiko muss Vokabeln lernen.	*Seiko möchte ein Eis essen.*

3. Rekonstruieren Sie den Dialog und hören Sie dann den Text. 与えられたセリフを書き入れ 会話を作ってください。その後で音声を聴いて確認しましょう。(S.42)

☐ Schade, Jan und ich möchten Kaffee trinken gehen.　　☐ Nein, das geht nicht.

☐ Ach, Julia! Ich muss bis morgen einen Aufsatz schreiben.

☐ Du Seiko, was machst du denn?　　　　　　　　　☐ Kaffee? Dann ja!

☐ Du lernst immer. Willst du nicht mal eine Pause machen?

4. Ergänzen Sie die Tabelle und schreiben Sie die Bedeutung auf Japanisch in die Klammern. 表を完成させましょう。（　）の中には意味を書きましょう。(S.42-43)

	machen (　　　　)	arbeiten (　　　　)	gehen (　　　　)	möchte(n) (　　　　)	müssen (　　　　)
ich					
du					
Sie					
er/sie/es					
wir					
ihr					
sie					

Lektion 5

学部	学科	学籍番号	氏名

5. ① Was macht Seiko in ihrer Freizeit?　聖子は余暇に何をしますか？　例にならって，文を書いてください。(S.43)

Beispiel: ins Kino gehen　➡　*Seiko geht ins Kino.* ....

1) einen Film sehen　　　➡　..

2) eine E-Mail schreiben　➡　..

3) japanisch essen　　　➡　..

4) Klavier spielen　　　　➡　..

5) Auto fahren　　　　　➡　..

② Was möchte Seiko am Wochenende machen? Benutzen Sie die Verben aus ①.

聖子は週末に何をしたいですか？　①の文を例にならって，書き換えてください。(S.43)

Beispiel:　*Seiko möchte ins Kino gehen.* ....

1) ....

2) ....

3) ....

4) ....

5) ....

6. Schreiben Sie Dialoge.　例にならって，会話を書いてください。(S.43)

Beispiel:　ins Kino gehen

○ Ich möchte ins Kino gehen. Möchtest du auch ins Kino gehen?

　　Ja　→　● Ja, gern.

　　Nein (für einen Test lernen)

　　　　→　● Nein, das geht nicht. Ich muss für einen Test lernen.

1) Eis essen – Ja

　　○　..

　　●　..

27

2) in den Klub gehen – Nein (in der Bibliothek lernen)

○ ....

● ....

3) ins Schwimmbad gehen – Ja

○ ....

● ....

4) Tennis spielen – Nein (Vokabeln lernen)

○ ....

● ....

5) Musik hören – Ja

○ ....

● ....

6) ins Fitnessstudio gehen – Nein (einen Aufsatz schreiben)

○ ....

● ....

Disc2-60
106

7. ① Finden Sie 10 Wörter.　10 個の単語が隠れています。探してみてください。(S.44)

F	D	N	L	A	F	E	R	N	S	E	H	E	N	K	L	M	T	U	S
R	V	I	G	A	S	T	F	A	M	I	L	I	E	H	R	R	M	W	Z
Ü	S	T	R	E	N	G	W	Q	A	C	U	S	A	N	P	A	M	I	Q
H	L	F	Y	A	S	D	Ä	K	P	U	T	Z	E	N	R	U	P	R	E
S	C	H	R	F	H	T	S	O	V	C	K	Y	M	N	B	C	C	K	V
T	L	J	H	G	F	D	C	S	A	Q	W	E	P	O	I	H	U	L	Z
Ü	T	R	E	W	Q	N	H	W	O	H	N	Z	I	M	M	E	R	I	T
C	F	I	X	V	B	R	E	N	T	W	X	B	P	T	V	N	A	C	N
K	D	U	S	C	H	E	N	N	E	V	O	D	S	J	G	H	R	H	K

② Listen Sie die Wörter aus ① auf und hören Sie. Schreiben Sie auch die japanische Bedeutung in die Klammern.　上で見つけた単語を書き出し，音声を聴いて確認してください。また，（　）の中にそれぞれの単語の意味を日本語で書いてください。

横 fernsehen（テレビを見る）　　　　縦 F.................... （　　）

　G.................... （　　）　　　　W.................... （　　）

　s.................... （　　）　　　　r.................... （　　）

　p.................... （　　）　　　　w.................... （　　）

　W.................... （　　）

　d.................... （　　）

28

Lektion 5

学部	学科	学籍番号	氏名

8. Ergänzen Sie die Tabelle und schreiben Sie die Bedeutung auf Japanisch in die Klammern. 表を完成させてください。（ ）の中には, 日本語の意味を書いてください。(S.44, 45)

dürfen　（ 　　　　　　　　）	
ich	wir
du　*darfst*	ihr
Sie　*dürfen*	Sie
er/sie/es　*darf*	sie

9. Darf man das oder darf man das nicht? Machen Sie Sätze. 例にならって, 何をしてよいのか, してはいけないのかを書いてください。(S.45)

Beispiel: im Konzert / Eis essen ➡ *Im Konzert darf man nicht Eis essen.*

1) im Kino / Popcorn essen ➡ ....

2) mit 20 Jahren* / Bier trinken ➡ ....

3) im Klassenzimmer / rauchen ➡ ....

4) zu Hause / Musik machen ➡ ....

　　　　*mit 20 Jahren　20歳になったら

10. Was bedeuten die Schilder? 例にならって, 標識の意味を書いてください。(S.45)

Beispiel:

.... *Hier darf man nicht Eis essen.* ....

1)  2)  3)  4)

1) ....

2) ....

3) ....

4) ....

11. Tills Termine. Was möchte Till machen, was muss er machen?　Till は何をしたいですか，何をしなければならないですか，書いてください。(S.43)

8.00 Uhr	in die Universität gehen
9.00 – 12.00 Uhr	Deutsch lernen
12.00 – 13.00 Uhr:	mit Noah und Ben zu Mittag essen
14.00 – 16.00 Uhr	Badminton spielen
17.00 – 21.00 Uhr	jobben

Um 8 Uhr muss Till in die Universität gehen.

Von 9 bis 12 Uhr

12. ① Und Ihre Termine? Was möchten Sie machen? Was müssen Sie machen?　あなたの一日の予定を **11.** の表にならって，書いてください。(S.45)

Wann?	Was?

② Was möchten Sie machen? Was müssen Sie machen?　上の表にしたがって，あなたの一日について，書いてください。

学部	学科	学籍番号	氏名

1. Ergänzen Sie.　聖子のカレンダー (S.49) を参考にして，空所を補いましょう。(S.50)

1) Was hat Seiko diese Woche vor?

　　Am ...., Dienstag, ... und

　　Freitag .... sie Deutsch.

2) Was macht sie am Montagnachmittag?

　　Sie .... ins Kino.

3) Was macht sie am Dienstagnachmittag?

　　Sie ....

4) Was macht sie am Mittwoch?

　　Sie ....

5) Was macht sie am Donnerstagabend?

　　Sie ....

6) Was macht sie am Freitagnachmittag?

　　Sie .... die Wäsche.

Disc2-61
107 **2.** Hören Sie den Text und ergänzen Sie.　音声を聴いて空所を補ってください。(S.50)

Julia　: Du Seiko, was hast du am Freitagabend vor?

Seiko : Ich .... noch keine ....

Julia　: Wollen wir ins .... gehen?

Seiko : Ja, ... Ich .... mit.

　　　　Wann beginnt der .... ?

Julia　: Um .... Uhr.

Seiko : Und .... ?

Julia　: Im Cinedom.

3. Was haben Sie am Wochenende vor? 週末の予定を言いましょう。* 印のついた動詞は分離動詞です。(S.50)

Beispiel: schwimmen gehen ➡ *Ich gehe schwimmen.*

1) ins Konzert gehen ➡
2) mein Zimmer aufräumen* ➡
3) ins Museum gehen ➡
4) Freunde treffen ➡
5) fernsehen* ➡
6) shoppen gehen ➡
7) zu Hause bleiben ➡
8) einen Ausflug machen ➡
9) jobben ➡
10) in die Stadt gehen ➡

4. Machen Sie Dialoge. 会話を完成させましょう。(S.50, 51)

Beispiel: ○ *Was hast du am Wochenende vor?* (am Wochenende)
　　　　　● *Ich gehe ins Konzert.* (ins Konzert gehen) *Kommst du mit*?
　　　　　○ *Ja, gern*!

1) ○ Was _____? (am Samstagnachmittag)
　● _____. (in die Stadt gehen)
　_____?
　○ Nein, ich habe leider keine Zeit* 　　*e Zeit 時間

2) ○ Was _____? (am Sonntag)
　● _____. (einen Ausflug machen)
　_____?
　○ Ja, _____!

3) ○ Was _____? (am Freitagabend)
　● _____. (Freunde treffen)
　_____?
　○ Nein, _____.

Lektion 6

学部	学科	学籍番号	氏名

5. Was macht Seiko? 聖子は何をしていますか？ (S.50)

1)

Sie _____ .

2)

_____ .

3)

_____ .

4)

_____ .

6. Bilden Sie Sätze. Beginnen Sie mit den Uhrzeiten. 時刻を文の初めに置いて聖子の一日について書きましょう。(S.50, 51)

Beispiel: um 7 Uhr / aufstehen* _Um 7 Uhr steht sie auf._   *auf|stehen 起きる

1) um 9 Uhr / ihr Zimmer aufräumen _____

2) um 11 Uhr / Deutsch lernen _____

3) um 12 Uhr / in den Supermarkt gehen _____

4) um 13 Uhr / zu Mittag essen _____

5) um 19 Uhr / fernsehen _____

7. Beschreiben Sie einen Tag von Seiko. 聖子の一日について書いてください。月曜日と日曜日の二通りです。(S.50, 51)

Montag

7.00 Uhr	aufstehen	Um 7 Uhr steht Seiko auf.
7.30 Uhr	frühstücken*	Sie .... um 7 Uhr 30.
		*frühstücken 朝食を食べる
8.30 Uhr	in die Schule gehen	Um 8 Uhr 30 ....
9.00 Uhr- 13.00 Uhr	Unterricht haben	Von 9 Uhr bis 13 Uhr ....
13.30 Uhr	zu Mittag essen	Sie .... um 13 Uhr 30 ....
14.30 Uhr- 15.30 Uhr	Hausaufgaben machen	....

Sonntag

11.00 Uhr	aufstehen	....
12.00 Uhr	eine E-Mail schreiben	....
12.30 Uhr	fernsehen	....
14.00 Uhr	mit der Oma telefonieren	....
15.30 Uhr	Jan treffen, Pizza essen	....
19.00 Uhr	ins Konzert gehen	....

Lektion 6

学部	学科	学籍番号	氏名

8. Schreiben Sie über einen Tag von Ihnen. 下の語句を使ってあなたの1日の過ごし方を **7.** にならって書いてください。(S.52, 53)

☐ aufstehen   ☐ frühstücken   ☐ zu Abend essen   ☐ in die Uni gehen
☐ Unterricht haben   ☐ zu Mittag essen   ☐ Hausaufgaben machen
☐ shoppen gehen   ☐ Freunde treffen   ☐ ein Buch lesen
☐ fernsehen   ☐ eine E-Mail schreiben   ☐ ins Bett gehen
☐ Musik hören   ☐ Videos sehen   ☐ mein Zimmer aufräumen
☐ meine Wäsche waschen   ☐ Computerspiele spielen

Um .... Uhr stehe ich auf. ....

....

....

....

....

9. Der/die/das? Ordnen Sie die Wörter. 枠内の単語を der/die/das のグループに分けましょう。(S.53)

☑ Kugelschreiber   ☐ Uhr   ☑ Portemonnaie   ☐ Rock
☐ Hose   ☐ Hemd   ☐ Laptop   ☐ Tasche   ☐ Handy
☐ Pullover   ☑ Jacke   ☐ T-Shirt

der	die	das
Kugelschreiber	Jacke	Portemonnaie

35

10. Ergänzen Sie die Pronomen.　空所に人称代名詞を書き入れましょう。(S.52, 53)

			1 格	4 格
単数	1 人称		....	mich
	2 人称	親称	....	dich
		敬称	....	Sie
	3 人称	男性	er	....
		女性	....	sie
		中性	es	....

11. Ergänzen Sie. 例にならって空所を補ってください。(S.52, 53)

☐ hässlich　☐ interessant　☐ langweilig　☐ originell　☑ praktisch

☐ schön　☐ schrecklich　☐ toll　☐ unpraktisch

Beispiel: ○ Wie findest du den Kugelschreiber?

● Er ist ___praktisch___. （便利だ）

1) ○ Wie findest du ....?

● .... ist .... （素敵だ）

2) ○ Wie findest du ....?

● .... ist .... （格好悪い）

3) ○ Wie findest du ....?

● Ich finde ....（面白い）

4) ○ Wie findest du ....?

● Ich finde ....（独特だ）

5) ○ Wie findest du ....?

● Ich finde .... （すごい）

Lektion 7

学部	学科	学籍番号	氏名

1. Wo treffen wir uns? Ergänzen Sie. どこで待ち合わせをしましょう？ (S.57)

1)

Am ....

2)

An der ....

3)

Vor dem ....

4)

Vor dem ....

5)

Am ....

6)

Am ....

2. Bringen Sie die Wörter in die richtige Reihenfolge. 下線部の単語を正しい順番に並べ替えてください。 (S.58)

Alain ： Hallo, Seiko! 1) du / Zeit / am nächsten / hast / Sonntag?

Seiko ： Ja, was gibt's denn?

Alain ： 2) machen / ein / wir / Picknick / wollen, im Stadtwald.

　　　　 3) mitzukommen / du / Lust / hast?

Seiko ： Ja, natürlich. Und wo treffen wir uns?

Alain ： Am Neumarkt.

1) ....?

2) ...., im Stadtwald.

3) ....?

3. Fragen und antworten Sie.　例にならって，枠内の語句を加えて「（いつ）〜する気ある？」
と誘い，またそれに答えてください。(S.58)

Beispiel: schwimmen gehen

1) einen Ausflug machen　2) ein Picknick machen　　3) spazieren gehen

4) in die Stadt gehen　　5) eine Radtour machen　　6) ins Konzert gehen

> □ jetzt 今　　□ heute 今日　　□ morgen 明日
> □ am ...tag 〜曜日に　　□ am Wochenende 週末に

	Frage	Antwort
Beispiel	Hast du Lust, am Montag schwimmen zu gehen?	☺ Ja, gern! ☹ Nein, ich habe keine Lust.
1)		☺
2)		☹
3)		☺
4)		☹
5)		☺
6)		☹

学部	学科	学籍番号	氏名

4. Wo ist Robert?　ローベルトはどこにいますか？　前置詞を使って答えてください。(S.59)

1)

2)

3)

4)

5)

6)

1)　_Er ist_ ....

2)　...

3)　...

4)　...

5)　...

6)　...

5. Wo treffen wir uns?　どこで待ち合わせをしましょう？ (S.57-59)

　　Beispiel: 花屋の前で　　：　_Wir treffen uns vor dem Blumengeschäft._

1）携帯ショップの中で　：

2）バス停で　　　　　　：

3）中央駅で　　　　　　：

4）噴水のところで　　　：

5）映画館の前で　　　　：

6）本屋の中で　　　　　：

6. Was bringst du mit?　何を持って行きますか？　例にならって答えを書いてください。(S.60)

Beispiel:

Ich bringe Äpfel mit.

1)

2)

3)

4)

5)

6)

7)

Disc2-62
108

7. Hören Sie den Text und ergänzen Sie.　音声を聴いて, 下線部に単語を入れてください。(S.60)

Und um wie viel Uhr?

Um .... Uhr.

Und was soll ich denn mitbringen?

Moment, ... Seiko bringt .... und .... mit.
Alain will .... und .... mitbringen,
und ich bringe .... und .... mit.

Dann kann ich .... machen.
Ich habe auch .... aus Italien.

40

学部	学科	学籍番号	氏名

8.　Ergänzen Sie.　単数形と複数形の表を完成させてください。(S.60)

Singular	Plural	Singular	Plural
r Apfel			Eier
	Bananen	e Orange	
s Brot			Säfte
	Birnen	r Salat	
s Bonbon			Kekse

9.　Oliver telefoniert mit seinem Freund Leon. Machen Sie einen Dialog. Benutzen Sie die Informationen auf dem Zettel.　オリヴァーは友人のレオンと電話で話しています。レオンのメモを見て，会話を完成させてください。(S.58-61)

> SONNTAG PICKNICK!!
> TREFFPUNKT : AM HAUPTBAHNHOF　UM 10.30 UHR
> ICH: KAFFEE UND KUCHEN MITBRINGEN!
> CHARLOTTE : OBST UND MINERALWASSER, NADINE : SALAT UND KEKSE
> OLIVER : ?

Leon　: Du Oliver, hast du Lust, am Sonntag ....?
　　　　Charlotte und Nadine kommen auch.

Oliver : Ja, klar! Wo treffen wir uns?

Leon　: ....

Oliver : Und um wie viel Uhr?

Leon　: ....

Oliver : Und was soll ich mitbringen?

Leon　: Charlotte bringt .... mit,
　　　　Nadine ....
　　　　und ich ....

Oliver : Dann bringe ich Wurstbrote und Bier mit.

10. ① Was macht Seiko am Wochenende? Erzählen Sie als Seiko.　下の予定表を見て，聖子になったつもりで週末の予定を書いてください。(S.61)

Samstag	Sonntag
Vormittag : 　meine Wäsche waschen 　mein Zimmer aufräumen Nachmittag : 　Julia treffen 　16.30 : vor dem Kino 　zu Abend essen	mit Alain einen Ausflug nach Bonn machen 10.30 : vor dem Bahnhof treffen 　am Kiosk Mineralwasser kaufen in Bonn: zu Mittag essen 　spazieren gehen 　das Beethoven-Haus besichtigen*

*das Beethoven-Haus besichtigen ベートーベンの生家を見学する

Am Samstagvormittag .... ich meine .... und ....

mein ....

Am Nachmittag um 16 Uhr 30 .... ich Julia ....

.... Nach dem Film* .... wir ....

*nach dem Film 映画の後で

Am Sonntag .... ich mit Alain einen .... nach ....

Um .... Uhr .... wir uns ....

....

Ich muss .... Mineralwasser .... !

In Bonn .... wir .... und ....

spazieren. Wir möchten auch das Beethoven-Haus ....

Disc2-63

109

② Hören Sie den Text und checken Sie.　音声を聴いて確認しましょう。

Lektion 8

提出日： 月 日 （ ）

学部	学科	学籍番号	氏名

1. Was passt zusammen? Verbinden Sie Infinitiv und Partizip. 不定詞と過去分詞を線で結んでください。(S.65)

trinken · · telefoniert

lernen · · gegangen

telefonieren · · gehört

essen · · gelernt

gehen · · gegessen

hören · · getrunken

2. Was hat Seiko gemacht? 絵を見て，文を完成させてください。(S.65)

1)

Sie hat chinesisch ....

2)

Sie hat Deutsch ....

3)

Sie ist in den Klub ....

4)

Sie hat Musik ....

5)

Sie hat Cola ....

6)

Sie hat mit der Oma ....

3. ① Ergänzen Sie.　ユーリアと聖子の会話を完成させてください。(S.66)

Hast du gestern Deutsch ....?

Ja, am Vormittag habe ich Deutsch ....

.... du gestern Sushi ....?

Nein, ich .... Pizza ....

.... du gestern Hausaufgaben ....?

Natürlich!
Am Nachmittag ....

② Julia erzählt.　ユーリアの話を完成させてください。

Gestern hat Seiko viel gemacht. Sie .... am Vormittag
Deutsch .... Um 12 Uhr .... sie mit Oliver Pizza ....
und einen Kaffee ....
Am Nachmittag .... sie Hausaufgaben ....
Am Abend .... sie für einen Test gelernt.

4. Ergänzen Sie die Tabelle.　表を完成させてください。(S.66-69)

haben	+	過去分詞	sein	+	過去分詞
ich		gelernt	ich		gefahren
du		gehört	du		losgefahren
er/sie/es		gearbeitet	er/sie/es		gekommen
wir		gegessen	wir		mitgekommen
ihr		getrunken	ihr		angekommen
sie		telefoniert	sie		

提出日： 　　月　　　日（　　）

学部	学科	学籍番号	氏名

5. Finden Sie die Partizipien und schreiben Sie die Bedeutung der Verben dazu. 　過去分詞と意味を書き入れてください。* がついている動詞の現在完了形は sein と過去分詞を用いて作られます。(S.67)

不定詞	過去分詞	意味
kaufen	*gekauft*	買う
rauchen		
spielen		
lernen		
putzen		
tanzen		
hören		
machen		
jobben		
duschen		

不定詞	過去分詞	意味
telefonieren	*telefoniert*	
studieren		

不定詞	過去分詞	意味
aufräumen	*aufgeräumt*	
vorbereiten		

不定詞	過去分詞	意味
fernsehen	*ferngesehen*	
losfahren*		
ankommen*		
mitkommen*		
ausgehen*		
ausschlafen		

不定詞	過去分詞	意味
lesen	*gelesen*	
sehen		
waschen		
fahren*		
kommen*		

不定詞	過去分詞	意味
trinken	*getrunken*	
singen		
schreiben	*geschrieben*	
bleiben*		
sprechen	*gesprochen*	
treffen		
gehen*		

6. Schreiben Sie die Geschichte um. Benutzen Sie das Perfekt. Hören Sie den Text und checken Sie. 現在完了形を使って，書き換えてください。また，音声を聴いて確認しましょう。(S.66-69)

Am Sonntag machen Alain, Seiko, Julia, Monika und Sven ein Picknick. Am Samstag kauft Alain Saft, Wasser und Bier. Seiko macht Sushi-Rollen. Am Sonntag um 10 Uhr trifft Alain die Freunde am Neumarkt. Um 10 Uhr 30 fahren alle zusammen los. Um 11 Uhr 15 kommen sie im Stadtwald an. Um 12 Uhr essen sie zu Mittag. Dann spielen sie Fußball. Um 18 Uhr fahren sie nach Hause.

Am Sonntag haben Alain, Seiko, Julia, Monika und Sven ein Picknick gemacht.

....

....

....

....

7. Wohin ist Seiko gegangen? 例にならって，文を書いてください。(S.68)

Beispiel:

Seiko ist in die Bibliothek gegangen.

1)

....

2)

....

3)

4)

5) Waschsalon

6)

Seiko .... *auf*

46

学部	学科	学籍番号	氏名

8. Wie heißt die richtige Form von „sein"?　sein を適切な形にして，空欄に入れてください。
(S.68, 69)

Alain, Julia und Seiko .... am Montagnachmittag in die Stadt gegangen und haben einen Film gesehen. Am Dienstag hat Seiko mit Oliver gesprochen.

Oliver : Wohin .... ihr gestern gegangen?

Seiko : Wir .... ins Kino gegangen. Danach .... ich noch allein shoppen gegangen.

Oliver : Und wann .... du zurückgekommen?

Seiko : So um sieben.

Oliver : Alain .... schon früher nach Hause gekommen und hat mir gleich eine SMS* geschickt. Er schreibt, er hat dich um 6 Uhr angerufen**.

*e SMS 携帯電話のメール　　**angerufen(< an|rufen) 電話をかける

9. Was haben Sie am letzten Dienstag gemacht? Sie können die Verben im Kästchen benutzen. Machen Sie Notizen und schreiben Sie dann wie im Beispiel.　あなたは先週の火曜日に何をしましたか？　①例にならって，与えられた語彙を参考に，メモを書いてください。　②メモを見て，文を書いてください。(S.69)

> □ jobben　　　□ Freunde treffen　□ ins Kino gehen　□ shoppen gehen
> □ Tennis spielen　□ Baseball spielen　□ Deutsch lernen　□ Englisch lernen

Montag in die Uni gegangen Deutsch gelernt	*Am Montag bin ich in die Uni gegangen und habe Deutsch gelernt.*
Dienstag	....

10. ① Was hat Frau Berger gestern gemacht? ベルガー夫人は昨日何をしましたか？ 絵を見て，文を書いてください。(S.69)

□ die Wäsche waschen □ fernsehen □ mit Robert spazieren gehen
□ frühstücken* □ einen Kaffee trinken ☑ bis 9 Uhr schlafen

*frühstücken 朝食をとる

Beispiel: *Gestern hat Frau Berger bis 9 Uhr geschlafen.*

1) ....

2) ....

3) ....

4) ....

5) ....

② Frau Berger erzählt. ベルガー夫人になったつもりで，昨日何をしたか書いてください。

Gestern habe ich bis 9 Uhr geschlafen.

....

....

....

....

....